나의 직업
우리의 미래

나의 직업

이범 지음

나의 대학 사용법

우리의 미래

창비

이 책은 몇 가지 아이러니를 담고 있습니다.

첫째로 청년 여러분이 처한 문제에 대한 개인적인 해법과 집단적인 해법을 모두 담아내려 했습니다. 세상을 헤쳐 나가는 데 있어 개인으로서 갖출 것과 집단으로서 목표 삼아야 할 것은 서로 다른 차원의 문제이고, 종종 모순되거나 상충되는 지점이 발생합니다. 하지만 저는 둘 다 써 보려고 애썼습니다. 실용과 정치를 모두 담은 셈이지요. 평가는 여러분의 몫이에요.

둘째로 청년 세대의 성향에 맞지 않는 요구를 했습니다. 기성세대는 비록 주입식 교육을 받긴 했지만 학교 수업을 마친 뒤에는 상당한 자유를 누리며 자랐습니다. 부모들도 자녀를 그리 세심하게 관리하지 않았어요. 하지만 지금 청년 세대는 어릴 적부터 부모의 관리와 사교육 영향을 많이 받은 세대여서 자율성이 낮습니다. 그런 세대에게 참으로 대담한 요구를 했어요.

셋째로 저는 한때 해외로 이주하려고 생각한 적도 있는데 새삼 여러분에게 나라의 운명에 대해 이야기합니다. 제가 감히 애국의 가치를 이야기할 만한 자격은 없다고 봅니다만, 여러분은 나라의 미래가 여러분 개개인의 평균적인 미래를 좌우할 것임을 냉정하게 인식해야 합니다. '탈조선'할 분들을 제외하면 말이지요.

2018년 봄
이범

우리가
받아 온

1

교육의
정체

그들은 왜
상대 평가를 하지 않을까?

반갑습니다. 저는 원래 자연 과학, 그중에서 생명 과학을 전공했던 사람인데요, 대학원에 갈 때 뜻이 있어서 전공을 바꿨습니다. 과학사, 과학 철학을 전공했지요. 그리고 박사 과정에 있을 때 '알바'로 학원 강의를 하게 됐는데 그것이 '대박'이 나면서 결국 박사 학위 논문을 못 썼어요. 저는 메가스터디 창업 멤버입니다. 메가스터디라는 이름을 제 아내가 만들었어요. 그때 막 결혼했을 때였는데 창업 회의에 우연히 아내가 참석했다가 회사 이름을 지었습니다.

메가스터디 시절, 저는 학원가에서 이른바 스타 강사였어요. 한 5년 동안 우리나라의 모든 학원 강사 중에 소득으로 2등이었습니다. 1등이었던 분이 지금 메가스터디 회장인 손주은 선생이지요. 저는 강사 생활을 짧고 굵게 했어요. 나중에 헤아려 보니 본격적인 단과 강사는, '알바' 기간을 빼면 딱 7년 동안 했더군요. 저는 2003년까지만 강의를 하고 사교육계를 떠났습니다. 30대 중반에 은퇴했으니까 굉장히 빨리 했지요.

그만둔 이유는 '댓글 알바' 사건과 관련이 있었습니다. '댓글 알바'는 나중에 널리 퍼져서 심지어 국정원에서도 쓰게 되는데, 2000년대 인터넷 초창기에 영화계와 사교육계에서 처음 나타난 현상이었어요. 새 영화가 개봉되면 영화사에서 '알바'를 써서 '이 영화 재밌다'는 내용의 글을 인터넷에 올리게 하는 거예요. 학원에서는 스타 강사가 본인의 강의를 칭송하고 경쟁 관계에 있는 다른 강사의 강의를 폄하하는 글을 올리게 했지요.

2002년 말에 메가스터디 창업 멤버 중 한 명이 '댓글 알바'를 쓰다 걸렸어요. 제가 불같이 화를 내서 그 사람을 쫓아내는 데 앞장섭니다. 실제로 그 사람은 쫓겨났고 몇 년 뒤 학원계에서 은퇴했어요. 그 후 몇 달이 지난 2003년에 제가 엄청난 비밀을 알게 됩니다. 사실은 몇 명을 제외하고는 다들 '댓글 알바'를 쓰고 있었던 거죠. 그런데 마치 한 사람만 쓰는 것처럼 왜곡된 정보를 저에게 제공해서, 그 사람을 쫓아내는 데 저를 활용한 세력이 있었어요. 그때 외부에서 다른 스타 강사를 영입하면서 그와 과목이 같은 그 강사를 견제할 필요가 있었거든요. 영화나 드라마에서나 볼 법한 음모가 있었던 거죠.

그 사실을 안 뒤, 저는 엄청난 충격을 받았고 몇 달 동안 굉장히 괴로웠습니다. 그러던 중 2003년 7월 여름 방학 대비 강의를 개강하기 얼마 전에, 심야에 회의를 하고 집으로 가는데 갑자기 '그만두면 되잖아.'라는 생각이 머리를 스쳤어요. 거의 번개에 맞은 것 같았습니다. 며칠 동안 고민했지요. 그때 첫째 아이가 막 돌이 지났었는데 벌어 놓은 돈으로 처자식을 먹여 살릴 수 있을지도 따져 보고…… 어떤 사람들은 왜 다른 회사로 이적할 생각을 안 했냐고 묻더라고요. 그런데 메가스터디는 그나마 양반이었고, 다른 데는 더 혼탁하면 혼탁했지 나을 게 없었어요. 그래서 그해, 그러니까 2003년 수능 때까지만 강의하고 그만두겠다고 선언하고는 실제로 그만뒀습니다.

그런데 2004년이 되자 이비에스와 강남구청에서 인터넷 강의를 학생들에게 무료로 제공하는 서비스를 하겠다고 제게 찾아왔어요. 그래서 이런 공공 목적의 강의를 몇 년 더 하기는 했습니다. 그 와중에 책도 내고, 신문에 칼럼도 쓰고, 토론회나 공청회 같은 데에 불려 다니고 강연도 하게 되면서 자칭 '교육 평론가'라는 이름으로 활동하다가 2010년 교육감 선거에서는 아예 작정하고 선거 운동을 도왔습니다. 이때는 정책이 아니라 유세를 담당했어요. 유세 트럭을 타고 다니면서 이명박 정부의 교육 정책을 비판하고 진보 교육감을 당선시켜 달라고 외쳤지요. 서울과 경기도를 홀짝제로 오가면서 홀숫날에는 서울에서 유세하고 짝숫날에는 경기도에서 유세하는 식이었지요. 대치동 한복판에서 유세하고 있으면 사람들이 참 이상한 표정으로 쳐다보곤 했습니다.

그해 전국에서 여섯 명의 진보 교육감이 당선되었습

니다. 그리고 저는 뜻밖에 서울시 교육청 정책 보좌관을 제안받았어요. 그래서 그로부터 2년 4개월 동안 계약직 공무원 생활을 했습니다.

2014년에는 경기도 교육감 선거 캠프에서 일했고, 그 해 가을에 민주당(당시 새정치민주연합)의 공식 정책 연구소인 민주연구원(당시 민주정책연구원)의 부원장으로 와 달라는 제안을 받았습니다. 사실 이 자리는 주로 정치인 지망자들이 거쳐 가는 자리인데 저는 예나 지금이나 직업 정치인이 될 생각이 없기 때문에 고민했지요. 그런데 아내가 저보고 "당신이라도 가서 세월호 사건 좀 어떻게 해 보라."라고 하더라고요. 저는 "내가 할 일은 세월호하고는 전혀 상관없는 일"이라고 했지만 아내는 "그래도 가 보라."라고 했습니다. 참고로 당시 민주당은 주요 선거에서 계속 지기만 한 데다가 세월호 사건에 대응도 제대로 못 해서 지지율이 바닥이던 상황이었어요.

결국 여의도에 가서 2년간 민주연구원 부원장을 했습니다. 주로 교육 정책을 담당했지만 이때 여의도 정치를 경험한 것이 정책 전문가로서 큰 도움이 되었어요. 이후 문재인 후보 대선 캠프로 자리를 옮겨 대선까지 치르고 나서 자유의 몸이 되었습니다. 제 나름 우여곡절도 많고 다채로운 인생이지요. 2018년 여름부터는 해외에서 정책 비교 연구를 해 볼 생각이었는데 뜻밖에 그 대신 라디오 시사 프로그램을 진행하게 되었어요.

오늘 강연에서는 취업 시장 대변혁기에 대학생이 준비할 것이 무엇인지에 대해 말씀드리려고 합니다. 이와 관련해 청중 한 분 한 분이 오늘 뭔가 중요한 힌트를 얻었다고 하실 만한 내용들을 준비했습니다. 그리고 조금 더 거시적으로 지금 이 사회의 흐름을 이야기할 참입니다. 그에 앞서서 먼저, 우리가 받고 있는 교육이 어떤 한계를 가지고 있고, 그로 인해 개인들이 어떤 결함이나 문제를 갖게 되는지부터 들여다보려고 합니다.

**영국과 프랑스의
시험 문제**

우선 우리가 받아 온 교육의 정체가 무엇인지 되돌아

볼 필요가 있습니다. 제가 재미있는 자료를 몇 개 가지고 왔어요. 서양 학생들은 학교에서 뭘 배울까요? 그것을 가장 간단히 알 수 있는 것이 시험 문제입니다. 먼저 영국을 볼까요? 영국에는 지시에스이(GCSE)라고 하는, 우리로 치면 중3과 고1의 2년간에 해당하는 과정이 있는데 이 과정을 마칠 때 졸업 자격시험을 치릅니다. 영국은 졸업장이 한 장으로 나오지 않고 과목별로 인증서가 따로 나옵니다. 아래 문제는 그 인증서를 얻기 위한 시험의 사례입니다.

(여러 가지 비닐 끈들을 배부하고는) 팀을 구성하여 비닐 끈들의 강도를 측정할 수 있는 실험을 기획하고 실행한 뒤에 보고서를 작성해서 오늘 ○시까지 내라.

실험 장비는 아무거나 사용할 수 있게 개방되어 있어요. 그럼 학생들은 문제를 받고 난 뒤 무엇을 가장 먼저 해야 할까요? 팀을 만들어야 합니다. 실험 조를 교사가 따로 만들어 주지 않아요. 학생들이 알아서 만듭니다.

그다음에는 뭘 할까요? 회의를 해야지요. 저 실험이 교과서에 나오는 실험이 아니거든요. 교과서에 나와 있는 것이면 미리 외워 놓았다가 하면 될 텐데, 그럴 수가 없습니다. 그러니 학생들 스스로 "우리 이렇게 해 보자.", "저렇게 해 보자." 하면서 실험을 설계하고 실험 장비를 설치해서 실험을 합니다. 그리고 표도 그리고 그래프도 만들어서 보고서를 내지요.

영국 교사들에게 물어보면 평범한 실험을 계획해서 제출하는 학생들이 많대요. 평범해도 과학적 원리 원칙에 잘 맞게 실험을 했으면 A를 준답니다. 그런데 종종 듣도 보도 못한 희한한 방식으로 실험하는 학생들도 나온대요. 아무리 낯선 방식으로 실험해도 과학적 원리 원칙에 맞게 했으면 A를 준다고 해요. 즉 출제자의 머릿속에 '정답'이 존재하지 않습니다. 정답이 존재하고 그에 가까운 답을 할수록 높은 점수를 주는 것이 아니라, 일종의 열린 질문을 던지는 거죠.

그럼 프랑스는 어떻게 할까요? 프랑스에는 바칼로레아라는 시험이 있는데 이것은 고등학교 졸업 자격시험이면서 동시에 대학 입학시험이기도 합니다. 참고로 프랑스를 포함해 유럽 국가들은 대학 입시에 객관식이 없어요. 제가 혹시나 해서 다 찾아봤는데 영국, 프랑스, 독일, 스웨덴 등의 대학 입시에는 객관식이 한 문제도 안 나오고 전부 논술형입니다. 우리나라에도 논술 고사가 있긴 하지만 과목이 불분명할 뿐만 아니라 고등학교 교육 과정만으로는 준비가 안 되잖아요? 그런데 유럽의 대입 시험은 과목별로 치르고 고등학교 교육 과정을 통해 준비됩니다. 그 문항들이 모두 논술형인 겁니다.

프랑스는 특이하게 철학이 공통 필수 과목인데, 시험 문제가 아주 짧아요. 딱 한 줄입니다.

진리는 경험을 통해 확증될 수 있는가?

좀 더 긴 것도 있습니다.

우리는 욕망을 해방시켜야 하는가, 아니면 욕망으로부터 해방되어야 하는가?

이것이 프랑스의 만 17, 18세짜리가 써야 하는 에세이 제목이에요. 우리나라 논술과 다른 점이 하나 보이지요? 우리나라 논술 고사에는 대개 제시문이 길게 나오지만 프랑스의 바칼로레아 철학 시험에는 그냥 질문만 딱 나와요.

독일은 또 어떨까요? 독일 대학에서는 학생을 선발할 때 내신 성적과 대입 시험 결과를 합산해서 반영합니다. 대학에서 전공하려는 것과 관련된 여덟 과목의 내신 성적을 보고, 여기에 더해서 주 정부에서 주관하는 네댓 과목의 논술형 시험 성적을 함께 보는 겁니다.

독일의 수학 문제를 하나 볼까요?

(기상 측정 데이터를 세 개의 그래프를 통해 보여 준 뒤) 다음 상관 계수 0.974, 0.911, 0.126이 각 어느 그래프에 해당하는지 연결하고 그 이유를 쓰시오. 그리고 다음에 대한 자신의 의견을 쓰시오.

"기온은 일조 시간과 강수량에 영향을 받지만 놀랍게도 계절

과는 상관이 없다."

수학 문제인데도 자신의 의견을 쓰라고 하고 있지요. 물론 이런 문제만 출제되는 건 아니에요. 수학 문항 중에는 '정답'이 존재하는 경우도 많습니다. 그런데 그런 문제들도 다 논술형으로 되어 있어요. 수학 문제는 접근 방식이나 풀이 과정이 다양할 수 있잖아요? 어떤 접근이나 풀이도 수학적 원리에 맞기만 하면 되니 그 전개 과정을 일일이 쓰라는 겁니다. 독일에서 객관식은 설문 조사라든가 아이큐 테스트에서나 보는 거예요. 만일 객관식으로 시험이 출제되면 찍어서 맞힐 수도 있으니 오히려 불공정하다고 봅니다. 풀이 과정을 맞게 적다가 중간에 계산을 실수해서 답이 틀리면 반드시 부분 점수를 주는데, 이렇게 해야 더 공정하다는 거죠. 심지어 덴마크의 경우, 풀이 과정 막판에 잘못 계산해서 답이 틀렸는데 만점을 주는 것도 보았습니다.

독일의 문학 문제도 하나 볼까요?

수업 시간에 읽은 소설(영화 「러브 액츄얼리」의 원작)의 배경보다 5년이 지났다고 가정하여 작중 인물 B의 입장에서 작중 인물 A(주인공)에게 보내는 편지를 쓰시오.

이런 문제가 학교 시험이에요.

스웨덴도 보겠습니다. 제가 전 세계의 대입 시험 문제 중에서 가장 놀란 게 스웨덴의 문제였습니다. 스웨덴 대입 시험은 국가 고시인데 고교 졸업생이 다 응시하는 것이 아니라 신청자만 봅니다. 스웨덴은 내신 성적만 가지고도 대학을 갈 수 있어요. 그런데 내신 성적에 불만인 학생들은 국가 고시에 응시하면 내신 성적을 그 성적으로 대체해 줍니다. 이 시험이 독일, 프랑스처럼 모두 논술형이에요. 제가 이 시험을 얼마나 많이 보냐고 물어보니 고교 졸업생의 30% 정도가 신청한대요. 스웨덴에도 내신 성적이 억울한 학생들이 상당히 많은가 봐요.

그런데 이 대입 시험 국어 문제가, 우리가 보기엔 황당할 정도입니다.

파편화된 사회보다 하나로 뭉친 공동체를 위해서 총리가 젊은이들을 대상으로 프로젝트 아이디어를 공모한다. 총리에게 보낼 서한문을 작성하라. 공동체 형성을 도모할 수 있는 프로젝트를 제안하고 왜 자신의 프로젝트가 투자할 가치가 있는지 논하라.

이게 뭘까요? 대학 입시 국어 시험장에 앉아 있는데 나눠 준 문제지를 보니 너 '사업 기획서' 한번 써 보라고 쓰여 있는 겁니다.

선진국에서 하는 수업 유형 중에 프로젝트 수업이라는 게 있는데, 스스로 과제를 설정하고 이를 탐구해 가는 수업이에요. 스웨덴 학교에서는 프로젝트 수업을 워낙 많이 하니 이런 종류의 질문이 낯설지 않죠. 세상에는 이런 교육을 받는 아이들이 있어요.

조선 시대의
기출 문제

우리도 예전에는 이런 시험을 본 적이 있어요. 조선

시대에 과거 시험을 어떻게 봤습니까? 과거 시험 문제가 지금 문제집에서 흔히 볼 수 있는 유형이었을까요? 아니지요. 당시 과거 시험에는 문과와 무과가 있었는데, 무과는 실기가 상당한 비중을 차지했고 문과는 그 종류와 단계가 복잡했는데 가장 중요하고 널리 알려진 대과(大科) 시험 문항은 주로 사상적인 질문이나 국가의 중대사에 대하여 자신의 생각을 논하라는 것이었어요.

제가 과거 시험 기출 문제를 몇 가지 가져왔습니다. 다음은 조선 명종 때 기출 문제예요.

하늘의 변화는 어떠한 이치에 따르는가?

와, 이건 대단하다는 느낌이 들죠. 그런데 한편으로는 너무 추상적인 질문 같기도 합니다. 좀 더 구체적인 질문이 나온 사례를 볼까요? 광해군 때 기출 문제입니다.

공납을 장차 토산품 대신 쌀로 바꾸어 내도록 하자는 의견에 대하여 논하라.

이 제도가 대동법이죠. 대동법은 광해군 때 경기도부터 시행되고 나중에 다른 지역으로 확장되는데, 출제할 당시는 아직 시행하기 전입니다. 출제자도 '정답'을 가지고 있지 않았다고 봐야죠.

다음은 중종 때의 기출 문제입니다.

> 요즘 일본인들이 울릉도 주변 우리 백성들의 어로 활동을 금지해 달라고 요청했는데, 우리 입장을 설명해도 들을 생각이 없다. 변방을 편안히 하고 나라를 안정시킬 방도를 강구해 자세히 나타내도록 하라.

그 밖에도 중국과의 외교 관계가 꼬였는데 어찌하면 좋겠느냐, 인재를 등용하려면 어떤 방법을 쓰면 좋겠느냐 등등의 질문이 자주 나왔습니다.

우리는 우리 교육이 예부터 원래 주입식이었다는 선입견을 가지고 있습니다. 서당에서 회초리로 종아리 맞으면서 공부한 이야기를 많이 들어 왔거든요. 물론 동아시아의 경우 한자라는 게 배우는 데 참 오래 걸리는 글자이고, 과거 시험을 준비하려면 유교 경전을 많이 외워야 했으니 주입식 교육이라고 할 만한 부분이 있긴 합니다. 소크라테스가 플라톤을, 플라톤이 아리스토텔레스를 대화식으로 가르친 고대 그리스와 비교하면 참 다르지요. 하지만 조선 시대 과거 시험 문제들을 보다 보면 우리 교육이 모두 주입식이었다는 선입견은 매우 잘못된 것임을 알게 됩니다.

그럼 우리는 이런 과거 시험의 전통을 언제 잃어버린 걸까요? 바로 식민지 시기입니다. 우리나라는 운이 없게도 식민지 시절에 근대 교육이 정착됐습니다. 식민 교육의 특징이 뭘까요? 당시 일본인의 입장에서 한번 생각해 보세요. 조선을 통치하고 있는데, 조선인들에게도 무언가 가르치기는 해야겠지요. 그런데 조선인들이 교육을 받은 결과 자기의 생각, 자기의 사상, 자기의 아이디어, 이런 것을 발전시키면 어떻게 될까요? 큰일 날 일입니다. 일본인들 입장에서는 가장 위험한 일이지요. 그래서 일본은 조선 사람들에게 '정답'이 이미 존재하는 것만 가르칩니다. 정답이 이미 존재하는 것만 물어보고요. 우리가 그런 교육을 100년쯤 지속해 온 겁니다. 해방 이후에 미국으로부터 사지선다의 객관식 시험 형식이 수입되면서 이것이 더욱 심해지지요.

우리나라 아이들은 초등학교 1학년 때 굉장히 중요한 진리를 하나 깨닫습니다.

정답은 문제집 뒤에 다 나와 있다.

정답은 문제집 뒤에 다 있는데, 그 부분을 가려 놓고는 빨리 효과적으로 찾아내라는 것이 우리 교육에서 요구하는 겁니다. 교육이란 것이 내가 뭔가를 만들어 내는 게 아니라 이미 숨겨 놓은 보물 찾기 같아요. 이런 교육을 12년쯤 계속 받으면 아무래도 형성되는 인간형 자체가 그런 쪽으로 정형화되겠지요? 더구나 우리나라는 대학에서도 주입식 교육이 주류잖아요?

이건 우리나라만의 특징이 아니에요. 아시아 교육이 대체로 이렇습니다. 아시아 국가들이 대체로 식민 통치를 겪었거나, 식민지는 아니었다 할지라도 굉장히 권위주의적인 체제에서 근대 교육을 받아들인 경우가 많거든요. 중국, 일본, 인도 등 아시아의 주요 국가들이 그렇습니다. 시험 문항이 객관식이거나, 서술형 문항이어도 대개 하나의 정답이 존재하는 것을 물어봅니다. 예외라면 영국의 대입 제도를 거의 그대로 수입한 싱가포르 정도지요. 그리고 최근 일본이 수능을 논술형으로 바꾸고 IB(인터내셔널 바칼로레아)를 보급하기 시작했습니다.

석차를 매기는
나라들

아시아 국가들의 교육이 가진 또 하나의 특징이 있습니다. 상대 평가를 하거나 석차를 매긴다는 겁니다. 특이하게도 그런 나라나 지역은 대체로 아시아에 있어요. 한국, 일본, 북한, 중국, 인도 등등이 그렇지요. 북미나 유럽 선진국들은 다 절대 평가를 합니다. 성적표에 점수만 적든가, 아니면 평점만 A, B, C 이런 식으로 적습니다. 제가 예전에 미국 사람한테 한국 고등학교 성적표를 보여 준 적이 있는데, 성적표에 적힌 숫자가 뭐냐고 묻길래 점수(score)라고 하니까 그건 이해하더라고요. 서양에서는 100점 만점은 거의 쓰지 않고 5점, 10점, 20점이 만점인 경우가 많지만 어쨌든 점수를 주기도 하니까요. 그런데 그 옆에 적힌 숫자가 뭐냐고 해서 석차, 그러니까 랭킹(ranking)이라고 하니까 무슨 뜻인지 이해를 못 해요. 처음 본 거죠.

북미나 유럽 국가들에서는 왜 석차를 매기는 상대 평가를 하지 않을까요? 상대 평가에는 교육적으로 여러 문제점이 있기 때문입니다. 상대 평가를 하게 되면, 머리가 좋고 학업 능력이 뛰어난 학생들이 많이 선택하는 과목은 다른 학생들의 입장에서는 기피 과목이 됩니다. 우리나라 수능에 선택 과목제가 도입되면서 바로 기피 대상이 된 대표적인 과목이 '물리'지요. 과학고 학생들이 물리를 선택한다는 소문 때문에 일반고 아이들이 다 도망갔습니다. '경제'도 그런 과목입니다. 요새 문과 계열 중에 가장 인기 있는 게 경영, 경제 계열이잖아요. 그러니 '경제'를 선택하는 학생들은 대체로 공부를 잘할 거고,

그러면 '경제'를 선택하는 순간 상대 평가로 인해 불리해지거든요. 그래서 '경제'도 사회 선택 과목 중에서 가장 선택률이 낮은 과목이 되었습니다.

제2 외국어에서도 비슷한 현상이 발생하고 있습니다. 수능 제2 외국어 중에 선택자가 가장 많은 과목이 뭘까요? 아랍어잖아요. 왜 그렇게 되었을까요? 중국어나 독일어를 선택하자니 공부 잘하는 아이들과 경쟁하게 될 것 같아서 부담스럽고, 뭐 다른 거 없나 보니까 아랍어가 있는 거죠. 전국에 아랍어를 가르치는 학교가 몇 곳 안 됩니다. 그러니까 수능에서 아랍어를 선택하는 학생들은 대부분 아랍어를 잘 못해요. 그 집단에 끼면 상대적으로 유리해지죠. 아랍어를 두세 달 바짝 공부하고 모르는 문제는 찍어서 요행히 몇 문제 더 맞히면 '로또'처럼 1등급도 나올 수 있다고 기대하는 겁니다. 실제로 그런 사례들이 있고요. 즉 상대 평가라는 것은 교육의 다양성과 정면으로 충돌하는 제도입니다. 그래서 서구 선진국에서는 상대 평가를 안 하는 거죠.

상대 평가에는 '교권 침해' 요소도 있어요. 학교 교사나 대학 교수 입장에서 볼까요? 내가 100명을 가르치고 있는데 그중에서 내 기준으로는 35명에게 A를 줘야겠다고 판단했어요. 그런데 학교 당국이나 교육부에서 학생 중 30%만 A를 주라는 상대 평가 지침이 내려온다면? 그러면 교사로서 또는 교수로서 평가할 수 있는 권한, 즉 나의 교권이 침해되는 겁니다.

상대 평가의 문제는 또 있습니다. 특히 우리나라 내신 상대 평가에서 발생하는 문제인데요, 규모가 작은 여고에는 한 학년에 이과 반이 한 개밖에 없는 경우가 가끔 있어요. 한 반에 30명이라고 하면 1등급이 몇 명 나올까요? 지금 제도상으로는 4%만 주도록 되어 있으니까 1.2명, 즉 1명밖에 1등급을 받을 수가 없습니다. 2등급도 몇 명 안 되지요. 경쟁이 정말 치열해지겠지요? 상대 평가라는 게 완전히 제로섬 경쟁이잖아요. 누군가 올라가면 누군가 자동으로 내려가야 해요. 이런 상황에서 옆에 있는 친구가 나와 성적이 비슷한데, 중간고사 열흘 전에 이 친구가 공부에 어려움을 겪고 있다면 이 친구를 도와줘야 할까요, 아니면 외면해야 할까요?

여러분이 회사에서 일을 하고 있다고 생각해 보세요. 옆자리에 같은 부서 동료가 있는데, 일을 하는 데 어려움을 겪고 있어요. 그러면 사장님이 그 동료를 도와주라고 할까요, 아니면 외면하고 네 일만 열심히 하라고 할까요? 사장님은 100% 도와주라고 할 겁니다. 당연하지요. 이때 경쟁의 단위는 개인이 아니라 조직(회사)이거든요. 경쟁의 단위를 개인이 아니라 조직으로 상정하면, 조직의 전체적인 경쟁력이 커지기 위해서는 조직 내 협력이 원활하게 이루어져야 합니다. 그런데 상대 평가는 그런 협력적인 인성을 키우는 것을 방해하는 제도입니다. 이런 평가 제도 하에서 팀워크와 리더십을 키운다? 어려운 이야기죠. (물론 기업들 중에는 의도적으로 내부 경쟁을 조장하는 경우도 있고, 영업직처럼 업무 성격상 개인 간에도 서로 경쟁하게 되는 경우도 있습니다. 하지만 글로벌 기업들을 조사한 통계를 보면 사원들을 평가할 때 상대 평가를 하는 기업보다 절대 평가를 하는 기업이 2배 이상 많습니다. 70% 정도가 절대 평가를 해요. 상대 평가는 심지어 기업에서도 선호하지 않는 방식인 겁니다.)

이런저런 이유로 서구 선진국의 교육에서는 상대 평

가를 찾아볼 수 없습니다. 그런데 우리나라에서는 고등학교는 물론이고 교사를 양성하는 교대에서도 상대 평가를 하고, 로스쿨에서도 상대 평가를 해요. 어처구니없게도 교육부에서 대학들에 상대 평가를 강요합니다. 교육부의 대학 평가 지표에서 높은 점수를 받으려면 대학 내에서 학생들을 상대로 상대 평가를 해야 해요. 이 상대 평가 규정을 얌전히 받아들이고 있는 교수님들은 대부분 미국에 유학해서 공부하고 온 분들이잖아요? 저는 이분들이 미국에서 뭘 보고 배워 왔는지 모르겠어요.

대학에서 너무 좋은 성적을 퍼 주니 어쩔 수 없이 상대 평가를 해야 한다고 주장하는 분들도 있어요. 그건 미국도 그래요. 아이비리그 명문대들이 A를 남발한다는 문제 제기는 미국에도 있습니다. 그렇다고 해서 그 문제를 해결하기 위해 상대 평가를 제도화하자는 발상은 전혀 하지 않아요. 왜냐하면 상대 평가는 무엇보다 교권을 침해하거든요. 성적을 너무 후하게 주는 문제는 교수들이 해결해야 마땅한 문제인데 우리나라에서는 이것을 교수 스스로 해결할 생각을 안 하고 아무렇지도 않게 학생들에게 부담을 떠넘깁니다. 또 대학에 들어오기 전부터 상대 평가에 길들여진 학생들은 아무 문제의식 없이 이를 받아들이죠.

객관식은
생각을 가로막는다

상대 평가 말고 객관식의 문제점을 한번 살펴볼까요? 왜 서양 고등학교에서는 객관식 문제를 안 풀까요?

유럽과 미국은 시스템이 다르니 따로 살펴보겠습니다. 유럽은 인문계와 실업계를 구분해요. 인문계는 영어로 아카데믹(academic)이라고 부르고 실업계는 보케이셔널(vocational)이라고 부르는데, 우리의 경우 특성화고나 마이스터고가 실업계에 해당하지요. 이렇게 인문계와 실업계를 나누는 것이 유럽의 전통입니다. 대개 우리나라처럼 고등학교에 진학할 때 나누는데, 독일이 예외적으로 일찌감치 나눕니다. 스웨덴은 한 학교 안에 인문계와 실업계가 공존하지만 교육 과정(커리큘럼)이 서로 구분되어 있고, 독일은 아예 인문계 학교와 실업계 학교가 따로 있습니다. 유럽에서 인문계 고등학교를 진학하면 대학에 가야 하니 대학 입시를 준비합니다. 그런데 그 입시가 논술형이에요. 아까 소개한 그런 대입 시험 문항들에 대비하는 것이 입시 교육이기 때문에, 유럽에서는 '입시 교육'이라는 말에 부정적인 뉘앙스가 없어요. 책 읽고 토론하고 탐구하고 글을 쓰는 것이 입시 교육이죠. 이들 나라에는 객관식 문제가 아예 없습니다.

반면 미국은 인문계, 실업계 구분이 없어요. 그리고 직업 교육이 거의 없습니다. 이는 미국 고등학교 교육이 잘 안 되는 이유 중 하나로 꼽힙니다. 실업계가 별도의 교육 과정이 아니라 '선택 과목'으로 존재하는데 미국 고등학생 전체 이수 단위 중에서 실업계 과목이 12%밖에 안 된다고 하니 제대로 운영되지 않는 것이죠. 이는 미국 교육의 고질적인 문제 중 하나입니다. 미국은 고등학교에 입학했다가 졸업하지 못하고 중도 탈락하는 비율이 높아요. 텍사스주의 경우 무려 40%나 되는데, 그 이유에는 여러 가지가 있지만 실업계 교육 과정이 부족하다는 게 중요한 이유 중 하나로 꼽혀요.

그리고 미국은 선진국 중에 매우 드물게 객관식 대입 시험이 있는 나라입니다. 에스에이티(SAT)라는 시험이 있어요. 문제 유출 사건으로 가끔 뉴스에 나오지요. 요새 미국 내에서는 에스에이티보다 에이시티(ACT)를 더 많이 응시하는데, 둘 다 오지선다 객관식 시험입니다. 이를 두고 '미국도 한국과 비슷한 교육을 하는구나.'라고 생각하는 사람들이 있어요. 그런데 이는 미국 교육을 하나만 알고 둘은 모르는 소리예요.

미국은 고등학교 교실에서 에스에이티나 에이시티 문제집을 풀어 줄 수 없어요. 금지한 것이 아니라 애초에 풀어 주기가 곤란해요. 1년에 에스에이티는 7번, 에이시티는 6번 치러지거든요. 토익(TOEIC) 시험하고 비슷하지요. 실제로 주관 기관도 토익과 같습니다. 대학 가기 1년 전이나 2년 전에 치러도 되고, 여러 번 치러도 됩니다.

에스에이티의 과목을 보면 필수 과목과 선택 과목이 있는데, 수학과 언어가 필수 과목이고 그 외에 선택 과목이 20가지가 있어요. 수학의 경우 대략 한국의 중2 수준까지는 필수 과목에 들어 있고 중3 이상 수준, 그러니까 2차 함수부터는 심화 수학1, 심화 수학2 이런 식으로 선택 과목으로 있습니다. 내가 몇 월 며칠에 무슨 과목을 시험 보겠다고 미리 신청해서 시험을 봅니다. 그런데 그날 따라 컨디션이 나빠서 시험을 망쳤다? 별로 걱정할 필요가 없어요. 두세 달 뒤에 또 보면 되거든요. 학교에서 특정 과목의 에스에이티나 에이시티 응시 현황을 조사해 보면 누구는 작년에 미리 시험을 봤다고 하고, 누구는 다음 달에 볼 거라고 하고, 누구는 지난달에 봤는데 성적이 안 좋아서 넉 달 뒤에 또 보겠다고 하는 식이에요. 그러니 학교에서 어떻게 문제집을 풀어서 시험을 준비해 줄 수 있겠어요?

미국은 서구 선진국으로서는 드물게 객관식 대입 시험을 가진 나라이기는 하지만 에스에이티, 에이시티와 같은 대입 시험을 공교육과 분리해 놓았습니다. '고등학교가 입시 준비를 해 주는 건 안 좋은 것'이라는 관념은 미국에서 유래한 거예요. 유럽 여러 나라들은 고등학교에서 입시 준비를 해 주는 것을 당연하게 여깁니다.

최근 들어 미국에서 이런 시스템의 약점이 부쩍 드러나고 있습니다. 바로 사교육이에요. 미국에서 웬만한 대학에 가려면 에스에이티 성적표가 있어야 하는데 이것을 학교에서 준비해 주지 않으니 개인적으로 준비해야 해요. 서점에 가 보면 우리처럼 다양하진 않지만 에스에이티 문제집도 있어요. 그런데 요새 그 틈을 타서 한국식 학원이 미국에서 돈을 벌고 있지요. 미국 사람들로서는 '신세계'를 본 겁니다.

지금까지는 제 나름대로 알아서 준비를 해 왔는데 언젠가부터 한국계, 중국계, 인도계 학생들이 학원이란 곳을 막 다니는 겁니다. 학원에서 유형별 문제 풀이를 시켜주는데 저런 트레이닝을 하면 점수가 올라갈 것 같거든요. 실제로 올라가잖아요. 그래서 미국인들도 점점 '학원'을 많이 다니고 있습니다. 한국 교육이 미국까지 말아먹고 있는 거지요. 실제로 요즘 전 세계에 'hagwon(학원)'

이라는 단어가 널리 퍼졌어요. 제가 3, 4년 전에 영국에서 케임브리지 대학 교수하고 이야기를 할 기회가 있었는데 제가 우리말로 '학원'이라고 하니까 바로 알아듣더라고요. 그게 뭔지 자기네들도 아주 잘 알고 있다고 하더군요.

심지어 한국식 에스에이티 학원이 한국에도 있죠. 미국으로 조기 유학 간 학생들이 여름 방학 기간을 이용해서 귀국하면 강남 지역에 두세 달 반짝 에스에이티 사교육 시장이 열려요. 우리나라 사교육 가운데 단위 시간당 교육비가 가장 비쌀 겁니다. 요새는 외국인들도 막 와서 등록한다고 하죠. 한국식 학원이 잘나가니까 어떤 분들은 이것을 두고 한국 교육이 우수하다는 증거 아니냐고 하던데 그건 굉장한 오해입니다. 에스에이티 학원은 미국 교육의 독특한 틈새, 즉 에스에이티 성적표가 있어야 하는데 이것을 학교에서 준비해 주지 않아서 나타나는 틈새를 공략한 것일 뿐입니다.

어쨌든 유럽은 유럽대로, 미국은 미국대로 고등학교 교실에서 객관식 문제를 풀 이유가 없어요. 유럽은 애초에 대입 시험이 논술형이고, 미국은 대입 시험이 객관식이지만 공교육과 분리되어 있어 학교에 영향을 주지 않습니다. 미국의 고등학교 안에서 치르는 시험은 우리나라와 달리 대부분 논술형 내지 수행 평가예요. 사실 고등학교 교실에서 오지선다 문제를 풀고 있다는 건 굉장히 창피한 일이에요. 요새 '정답'이 궁금하면 누구에게 물어봅니까? 인터넷 검색하면 다 나오잖아요. 공짜로 얻을 수 있는 지식을 학생들 머릿속에 넣어 놓기 위해서 국민 세금을 많이 쓴다? 이게 점점 용납하기 힘들어지는 거죠. 게다가 객관식은 자꾸 '출제자의 의도'만 따지게 되니 자기 생각을 구성하는 힘을 기르기 어렵습니다.

한국 교육의
이중 플레이

그런데 이 지점에서 한국 교육은 이상한 이중 플레이를 합니다. 교육 과정을 만들 때는 미국처럼 대입 시험을 고려하지 않고 이른바 '정상적' 교육 과정을 운영한다고 가정해요. 예를 들면 수학 교과서를 만들 때에는 졸업식

전날까지 수업한다고 가정하고 만듭니다. 그런데 학교에서 실제로 그렇게 운영하지 않잖아요. 11월에 수능을 보니 그걸 준비해 줘야 하거든요. 수능 몇 달 전에는 진도를 끝내야 문제 풀이도 하고 약점 보완도 할 것 아니에요? 그러니 3년 분량으로 설계해 놓은 것을 2년 반, 심지어 2년 동안 과속으로 진도를 나가는 겁니다. 무지막지한 과속이지요. 문과는 그래도 좀 나아요. 이과 수학은 정말 엄청난 과속인데, 저는 이 정도 과속 진도를 잘 소화해 낼 수 있는 학생은 딱 두 종류 학생밖에 없다고 봐요. 수학 영재이거나 아니면 선행 학습을 했거나.

교육 과정을 만들 때는 미국식으로, 운영할 때는 한국식으로, 이렇게 고등학교 교육이 이중 플레이를 합니다. 이는 '선행 학습 금지법'의 맹점이기도 해요. 저는 선행 학습 금지법에 그 나름대로 긍정적 성과가 있다고 봅니다. 특히 배치 고사나 논술·면접에서 선행 내용을 출제하지 못하게 금지한 것은 참 잘한 거예요. 하지만 이 법도 공교육의 이중 플레이, 즉 공교육 자체가 선행 학습을 유발하는 위선적인 구조는 건드리지 않아요. 저는 고등학교 수학 선행의 마지노선이 중2라고 봐요. 아무리 머리가 좋은 학생이라 할지라도 적어도 중2 겨울 방학부터는 고등학교 수학 선행을 염두에 두고 전략적으로 공부해야 합니다.

어떤 분들은 우리도 유럽처럼 하면 안 되느냐고 묻습니다. 수능을 다 논술형으로 바꾸는 거죠. 그럼 무슨 문제가 생길까요? 사교육이 엄청나게 늘어날 거예요. 사람들은 논술형은 아무래도 개별적으로 지도해 주는 게 효과적이라고 여기거든요. 그런데 공교육에서는 그렇게 개별 지도를 해 주기 어렵다고 생각할 거고, 그러다 보면 다들 학원으로 몰려갈 거예요. 유럽의 경우 오랫동안 학교에서 이런 유형의 시험 준비가 되도록 교육을 해 온 전통이 있지요. 게다가 유럽은 명문대에 진학하려는 경쟁 압력 자체가 우리보다 약해요. 하지만 우리는 여태까지 안 그런 교육을 하다가 갑자기 시험을 논술형으로 바꾸면, 사람들이 공포스러워하겠죠.

그럼 우리도 미국처럼 수능을 여러 번 보면서 학교 공교육과 분리하면 어떨까요? 좋은 방안 같지만 그랬다간 역시 사교육이 폭증할 겁니다. "학교에서 수능 문제집을 안 풀어 준대. 어떡하지? 수능 성적 잘 받아야 되는데." 그러면서 다들 또 사교육으로 가겠지요. 요새 미국처럼 말이죠. 그러니까 우리나라에는 미국식 대입 시험도, 유럽식 대입 시험도 도입하기 어려워요. 사교육이 무서워서요. 이런 상황은 정책 결정자에게 엄청난 부담입니다.

저는 학교 교육 과정 자체를 논술형에 맞게 잘 고치면서 논술형 입시를 도입하면 우리나라에도 유럽형 시스템이 가능하지 않을까 하는 희망을 어느 정도 가지고 있습니다. 하지만 역시 사교육 우려를 털어 내기가 어려워요. 우리나라 교육의 선진화를 가로막고 있는 중요한 장벽은 바로 사교육, 그리고 그 근본 원인으로 작용하는 극심한 대학 서열화라고 할 수 있습니다. 미국이나 일본에도 대학 랭킹이 있지만 우리나라의 대학 간 서열 격차는 이들 나라보다 큽니다.

유럽에
특목고가 없는 이유

재미있는 자료를 하나 보여 드리겠습니다. 한국의 고등학교 국어 교과목 이름들과, 미국 캘리포니아주에 있는 한 고등학교의 국어(영어) 교과목 이름들입니다.

다음의 표를 보시면 우리나라에도 선택 과목이 많지요. 일반 선택, 심화 선택 등 대부분 선택 과목이잖아요. 그런데 실제로 학교에서 선택합니까? 여러분, 고등학교 때 수강 신청을 해 보셨어요? 해 본 적 없지요. 선택 과목이라고 이름만 붙여 놓고는, 학생들한테 선택권을 안 주

	교과목 이름
한국 고교 국어 교과목 (2011 개정 교육 과정)	국어(공통), 국어 생활(일반 선택), 문학, 화법과 작문, 독서와 문법, 고전(이상 심화 선택)
미국 고교 영어 교과목 (Dunn Highschool)	독해·작문, 작문, 창작 작문, 고급 작문, 셰익스피어, 디킨스와 하이디, 단편 소설, 에스에프(SF), 영화 문학, 추리 문학, 마크 트웨인, 성경, 명작 고전, 스타인벡과 헤밍웨이

고 학교에서 단체로 선택하는 거예요. 그러니까 무늬만 선택 과목이지요. 그런데 미국 학생들은 이 과목들을 다 수강 신청해서 선택합니다. 두세 학년이 같이 수강 신청할 수 있는 과목이 많기 때문에 어떤 과목을 선택하고 보면 한 교실에 선배도 있고 후배도 있어요. 고등학교가 무학년제는 아니지만 비슷한 효과가 나지요.

그럼 서구 선진국에서는 이런 수강 신청을 언제부터 할까요? 대개 중학교 때부터 합니다. 물론 중학교 때는 예체능이나 외국어 중심으로 조금 하는 정도지요. 교육 선진국으로 유명한 핀란드의 경우 중학교 시절에 이수 과목의 15% 정도를 스스로 선택한다고 해요. 고등학교에 가면 수강 신청의 폭이 확 넓어집니다.

유럽 국가들은 문과와 이과, 이렇게 두 가지로 나누지 않고 4~6개 계열로 좀 더 자세하게 나눕니다. 예를 들어 어문 계열, 사회 계열 같은 계열이 있는 거죠. 학생들은 1단계로 계열을 선택하고, 2단계로 자기가 배울 과목을 선택합니다. 독일, 프랑스, 스웨덴, 핀란드 등 유럽 대륙 국가들은 대부분 이렇게 해요. 반면 영미 쪽 국가들은 계열 구분 자체가 없어요. 미국이나 영국, 오스트레일리아는 완전히 열린 상태에서 과목을 선택합니다.

그러니까 우리 같은 문과, 이과 장벽은 없다고 봐야 합니다. 예를 들어 영국의 경우 경제학을 전공할 학생이 미술 과목을 선택하기도 하고, 독일의 경우 공학 계열을 선택한 뒤에 이수할 과목을 신청할 때 철학을 고를 수도 있어요. 그러니 나는 경제학자가 되고 싶지만 환경 문제에도 관심이 많아서 화학을 심화 수준 과목까지 이수했다, 혹은 나는 여행 전문가가 꿈이어서 지리, 문화 과목과 함께 외국어 과목을 많이 이수했다, 이런 것이 가능하지요.

그래서 이들 나라에는 특목고가 필요 없습니다. 외국어를 더 많이 수강 신청하면 그게 외고이니, 따로 외고가 있을 이유가 없어요. 과학고도 미국에나 조금 있는 겁니다. 미국에는 유명한 과학고가 실제로 여럿 있어요. 하지만 캐나다나 유럽에는 과학고가 없지요. 그래도 이공 계열 인재들을 잘 키워 냅니다.

우리나라는 일반고에서 '붕어빵'을 찍게 만들고 다양한 교육은 특목고에서 하라고 하는데, 이건 애초에 주객이 전도된 겁니다. 일반고에서 왜 붕어빵을 찍어야 해요? 일반고에서도 학생에게 자기가 배울 과목을 고를 기회를 충분히 주면, 알아서 다양한 교육이 일어납니다. 우리나라도 앞으로 '고교 학점제'라고 해서 고등학교에서 수강 신청을 하게 한다고 하죠? 이건 중요한 패러다임의 변화예요. 특목고, 자사고 만들어서 다양한 교육을 하려고 해 봤는데 대입 경쟁에 더해 고입 경쟁만 더욱 심해지고 도저히 답이 안 나오게 생겼으니 '학교별 다양화'가 아니라 '개인별 다양화'로 가자는 겁니다.

기본기가
튼튼한 교육

앞의 표를 다시 보죠. 제가 '창작 작문' 과목이 무슨 과목이냐고 물어보니 소설을 쓴다는 거예요. 수강 신청할 때 미리 '이번 학기 창작 작문 수업에서는 소설을 쓴다'고 공지를 하는 거죠. 그러면 어떤 학생들이 모이겠어요? 소설을 써 보려는 학생들이 모이겠죠. 수업에서 소설 작법을 배우고 실제로 써 보는 겁니다. 평가는 소설 쓰는 과정에 대한 과정 평가와, 써 낸 소설의 완성도에 대해 결과 평가한 것을 합쳐서 해요. 또 '스타인벡과 헤밍웨이'라는 과목에 대해 물어보니 이 작가들의 작품을 읽고 토론한 뒤, 대개 에세이를 쓴 걸로 평가를 한대요. 에세이를 집에 가서 써 오라고 하면 수행 평가이고, 학교에서 두 시간 동안 쓰라고 하면 논술형 평가가 되지요. 원래 수행 평가와 논술형 평가는 명확한 경계가 없습니다.

미국에서 이런 교육을 충실히 받고 어느 정도 이름 있는 대학에 진학하는 학생들은 한국에서 '스카이'(서울대,

연세대, 고려대) 대학에 가는 학생들보다 책도 더 많이 읽었고, 토론도 훨씬 더 많이 해 봤고, 글도 더 많이 써 보았습니다. 기본기가 더 튼튼한 겁니다. 그중 일부가 미국 엘리트가 되지요. 이런 시스템을 모르면 미국 교육에 대해 오해하기 쉽습니다. 오바마 전 미국 대통령이 한때 한국의 교육열을 부러워하는 내용의 이야기를 여러 번 한 적이 있는데, 그 때문에 그런 오해가 더 커졌지요. 오바마의 말을 듣고서 어떤 사람들은 '한국 교육이 우수한 거구나.' 하고 생각하는데 이는 그 말의 정치적 배경을 이해하지 못해서 생긴 착각이에요. 오바마가 한국의 교육열을 본받자고 한 건 미국의 중산층 이상 백인들한테 하는 소리가 아니에요. 주로 흑인, 히스패닉으로 구성된 저소득층에게 하는 소리입니다.

미국은 계급 문제와 인종 문제가 결합되어 있고 굉장히 풀기 어려운 상태지요. 미국에는 '교육열'의 ㄱ 자도 모르는 사람들이 집단으로 모여 사는 지역이 굉장히 많아요. 길거리에서 버젓이 마약을 파는 동네에서 교육이 제대로 되겠어요? 그런 문제를 해결하려고 보니 오바마에게 어떤 정치적 상징이 필요했고, 그 상징으로 한국이 채택된 거지요. 왜? 한국은 교육열이 높으니까요. 또 우리는 미국보다 계급 분화가 덜 진행되어서 아직은 경제적 형편이 좋은 사람이나 어려운 사람이나 모두 교육에 관심이 많은 편입니다. 미국의 백인 중산층 이상에게는 한국 교육열을 본받자는 이야기를 할 필요가 없어요. 이들은 이미 교육열이 높거든요. 물론 우리와 교육열의 색깔이 좀 다르긴 하지만요. 오바마가 한국 교육열을 본받자고 하니까 미국 교육을 잘 모르고 깔보는 사람들이 있는데, 미국에서도 어지간히 교육열이 있는 지역에서 앞서 말한 교육을 충실히 받은 학생들은 우리보다 훨씬 선진적이고 고급스러운 교육을 받은 거예요.

요새 우리나라에서는 미국식 입학 사정관제를 흉내 내서 학생부 종합 전형(학종)이라는 것을 하잖아요? 이건 영 번지수를 잘못 찾은 거예요. 교과를 혁신해야지, 왜 비교과를 갖다 붙입니까? 미국을 제외한 대부분의 선진국은 성적만으로 학생을 선발해요. 캐나다는 내신만 보고, 영국과 프랑스는 입시만 보고, 독일과 오스트레일리아는 내신과 입시를 합산하고, 스웨덴은 내신과 입시 중에 학생이 택일해요. 내신이나 입시는 그래도 기회가 균등한 편이거든요. 하지만 비교과는 부모나 사교육 영향이 크기 때문에 그만큼 기회가 불균등하잖아요.

우리나라에서는 점수 위주로 선발하는 것을 혐오하는 분위기가 보수와 진보 양쪽에 널리 퍼져 있어요. 미국처럼 입학 사정관제를 해야 선진국이 된다고 생각하는 사람들이 많아요. 이건 우리 사회 지식인들이 전체적으로 얼마나 미국 편향적인지를 보여 주는 적나라한 사례입니다. 미국화가 곧 선진화라고 보는 거죠. 그런 식이면 우리도 미국처럼 국민 의료 보험을 없애야죠. 입학 사정관제는 미국 사회의 특수한 배경에서 나온 산물이에요. 왜 하필 미국에서 예외적으로 입학 사정관제가 발달했는가에 대한 말씀을 다 드리자면, 너무 이야기가 길어지니까 생략할게요. 이에 관해서는 유명한 책 두 권이 번역되어 있으니 궁금하신 분들은 찾아보세요. 『누가 선발되는가?』와 『왜 학벌은 세습되는가?』라는 책입니다.

서구 선진국의 대학들은 대부분 내신 성적이나 대입

시험 성적 위주로 학생을 선발합니다. 교육의 다양성은 내신이나 입시에서 과목 선택권을 충분히 부여하고 아울러 수업과 평가에 대한 교사 개인의 자율권을 충분히 보장함으로써 얻고요. 그 정도로 그쳐야 해요. 미국처럼 거기에 더해 '비교과'까지 반영하면 곤란합니다. 교육에서 지켜야 할 중요한 공공적 가치가 훼손되거든요. 그 가치란 바로 공정함, 즉 '기회 균등'입니다.

정답 없는
문제를

2

탐구하는
시대

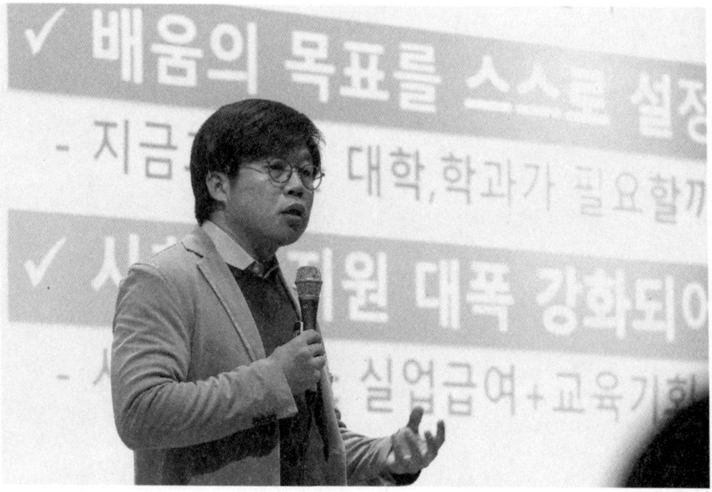
배움의 목표를 스스로
대학,학과가 필요할
지원 대폭 강화되
실업급여+교육기

치킨인가,
고용 보험인가

요새 4차 산업 혁명으로 일자리가 없어진다고 겁을 주는 사람들이 워낙 많아서, 제가 한마디 하겠습니다. 에르네스트 만델이라는 경제학자가 했던, "너 내일 살아 봤냐?"라는 말입니다. 4차 산업 혁명은 인공 지능에 의한 자동화니까 과거에 있었던 변화들과 질적으로 다를 거라고들 하더군요. 그럴지도 모르지요. 하지만 아닐 수도 있어요. 1차 산업 혁명부터 시작해서 여태까지 자동화는 여러 수준에서 일어났는데 사회 전체적으로 총 일자리 수가 줄어든 적은 없었습니다.

그리고 4차 산업 혁명이 과거의 산업 혁명들만큼 우리 삶에 큰 변화를 일으킬 것인가? 여기에 대해 전 회의적이에요. 2차 산업 혁명이 얼마나 대단한 건지 다시 생각해 볼 필요가 있습니다. 2차 산업 혁명의 핵심은 전기이고 3차 산업 혁명의 핵심은 인터넷인데, 우리가 인터넷 없는 삶은 상상해 볼 수 있지만 전기 없는 삶은 상상하기 어렵잖아요.

저는 일자리가 없어지는 것이 그토록 공포스럽다면, 지금부터 아예 역발상으로 자동화가 안 될 만한 일을 찾아보라고 말하곤 합니다. 사실 요새 대학 진학률이 조금씩 낮아지고 있고, 실제로 제 주변에서도 부모가 사회적으로 상당히 명망 있는 분인데도 자녀가 대학에 안 간 경우가 점점 많이 보입니다.

제가 아는 분 중에 서울대 교수인 분이 있는데, 큰아들이 대학에 안 갔어요. 중학교 때 공부하는 것을 싫어하고 방송에 관심을 보이길래 방송과 관련된 특성화고에 보냈다는 겁니다. 그런데 적성에 맞아서 그런지 잘 배우고 금방 취업해서 지금은 승진도 많이 했대요. 생각해 보면 지난 20여 년간 우리나라에 방송국이 폭발적으로 증가했잖아요. 1990년대 초반만 해도 채널이라고는 공중파 서너 개에 케이블 몇 개밖에 없었는데 이제는 방송이 큰 산업이 되었죠. 게다가 방송 제작 과정 중에 자동화가 가능한 부분이 얼마나 될까요? 생각해 보면 이런 일은 생각보다 오래 갈 수 있을 겁니다.

제가 잘 아는 교육계 인물 한 분도 아들이 고등학교를 다니다가 자퇴했습니다. 물론 대학도 안 갔지요. 얼마 전에 만나서 요새 아드님이 뭐 하냐고 물었더니, 한옥 기술자라는 거예요. 전국을 돌아다니며 한옥을 짓고 있는데 일당이 매년 얼마씩 오르고 있대요. 제가 아이템 잘 잡았다고 했습니다. 한옥의 인기가 점점 높아지고 있거든요. 그리고 앞으로 20년이 지나도 자동화가 안 될 것 아니에요? 물론 과업(task) 수준에서 새로운 기술이 들어오는 부분이 있겠지만 직무(job)가 통째로 자동화되는 건 불가능할 겁니다.

20년 뒤에 회계사가 살아남을까요, 아니면 우리 동네

배관 수리업자가 살아남을까요? 회계사의 수요는 줄어들 거예요. 인공 지능에 의한 자동화의 대표적인 타깃이 회계거든요. 하지만 배관 수리나 전기 수리 같은 일은 자동화되기 어려울 겁니다. 20년이 아니라 200년쯤 지나서 매우 뛰어난 휴머노이드 로봇 같은 것이 나오면 또 모르겠지만요. 사실 서구 선진국에서는 배관공이 꽤 돈을 많이 버는 직종에 속해요. 배관공이 사회적으로 하대받는 직업이라면 닌텐도의 마리오가 배관공일 리 없잖아요. 배관공은 우리 집에 문제가 생기면 '짠' 하고 나타나서 문제를 해결해 주는 아저씨, 이런 이미지가 있으니까 닌텐도가 마리오 캐릭터를 만들 때 배관공이라는 직업을 고려한 거죠. 아마 이 직업은 앞으로도 꽤 오랫동안 유지될 겁니다.

그럼 본격적으로 4차 산업 혁명 이야기를 해 보죠. 요즘 모두들 알파고와 4차 산업 혁명 이야기를 해 대서 저에게도 그런 이야기를 해 달라는 요청이 종종 들어옵니다. 그러면 저는 우선 4차 산업 혁명을 지나치게 '기술' 수준에서 이해하려 하지 말라고 말씀드려요. 그냥 몇 가지 들은 풍월, 그러니까 인공 지능과 사물 인터넷과 빅 데이터 등등이 큰 변화를 일으킨다는 정도로 알면 됩니다. 왜냐고요? 기술이 어떤 방향과 속도로 진화할지는 어차피 전문가들도 잘 예측하지 못하거든요.

인터넷이 처음 보급될 무렵에 다들 뭐라고 했었나요? 전 세계적으로 실시간 커뮤니케이션이 가능해지면서 뭔가 큰 변화가 있을 거라고들 했어요. 하지만 아마존이 이렇게 엄청난 유통 기업이 될 줄은, 유튜브가 전 세계의 광고 시장을 장악할 줄은 잘 몰랐습니다. 그러니까 인공 지능으로 인해 트럭 기사가 실직하고 회계사 수요가 줄어들 거라는 것 정도는 예측 가능하지만, 그 과정에서 어떤 새로운 비즈니스 모델과 일자리가 성장할지는 잘 모른다는 거죠.

물론 기술을 배우지 말라는 말씀은 아닙니다. 코딩 같은 것을 배우는 건 좋아요. 아이티(IT)는 계속 성장할 산업이니까요. 또 웹 프로그래머들 중에는 그 분야를 전공한 사람이 많지만 웹 기획자들 중에는 문과 출신도 꽤 있습니다. 코딩을 아주 전문적으로는 못 하더라도, 사회나 문화가 변화하는 흐름을 알기 때문에 문과 출신이 웹 기획을 하게 되는 거죠. 다만 나중에는 코딩도 상당 수준 자동화될 텐데 그때 어떤 상황이 전개될지는 전문가도 예측하기 어렵습니다.

고용 보험이
중요한 이유

그러니 아예 관점을 바꿔 봅시다. 기술의 진화를 예측하려 하지 말고, 알파고가 개인의 인생에 어떤 메시지를 던져 주느냐를 생각해 보자는 거죠. 그 메시지는 바로 '네가 일생 동안 직업을 여러 번 바꿀 확률이 높아졌다'는 겁니다. 산업 주기가 짧아지고 자동화가 심화되면서 직업의 주기도 짧아질 거예요.

사실 자동화로 인한 변화는 굳이 4차 산업 혁명을 들먹이지 않아도 이미 많이 봐 왔습니다. 우리나라에서 금융업계에 정규직으로 취업하면 사람들이 축하해 주잖아요. 좋은 직장에 들어갔다고 하면서요. 그런데 사실 증권업계에서는 굉장히 많은 사람이 '잘리고' 있어요. 같은 분야에서는 재취업도 잘 안 됩니다. 왜? 증권업이 사양 산업이라서 그렇지요. 요즘 누가 주식 거래를 직접 창구에 찾아가거나 전화해서 합니까? 다 컴퓨터나 휴대 전화로 하잖아요. 증권 관련 정보도 인터넷으로 다 얻고 있어요. 그러니 증권업이 구조적으로 사양 산업이 되어 갑니다. 그러면 증권 회사에 다니던 사람들 중 다수가 직업을 바꾸어야 하지요. 은행업도 사양 산업이라 조만간 비슷한 상황이 될 겁니다.

자, 이런 상황이면 직업을 바꿔야 합니다. 그런데 모아 놓은 돈은 별로 없고, 마음은 급하고, 할 일은 안 보여요. 그러면 어떻게 되나요? 치킨집을 차리게 됩니다. 물론 치킨 자체가 나쁜 건 아니에요. 제가 아는 분 중에도 치킨으로 돈을 많이 번 분이 있어요. 하지만 치킨으로 '쏠린다'는 건 큰 문제지요. 인터넷에 떠도는 유명한 '이미지' 있잖아요. 어떤 길을 선택해도 결국은 다 치킨집을 차리게 된다는 이미지. 어떤 길을 선택해도 다 과로사한다는 이미지도 있지요. '헬 조선'을 풍자하는 대표적인 이미지들이죠.

독일이나 스웨덴 같은 복지 국가들에서는 왜 치킨으로 안 쏠릴까요? 두 가지 이유가 있어요. 첫 번째는 노동자로 고용될 기회가 많다는 것입니다. 이들 나라는 자영업자 비율이 낮아요. 기업 생태계가 건강해서 크고 작은 기업이 역동적으로 성장하고 성장률이 일정 수준을 유지하기 때문에 그것이 가능합니다.

두 번째는 고용 보험, 즉 실업 급여예요. 저는 이 두 번째 이유를 강조하고 싶어요. 우리나라는 고용 보험이 부실해서 실업 급여를 못 받는 사각지대도 많고 또 받아 봤자 기껏해야 몇 달이에요. 액수도 많아야 최대 150만 원 정도지요. 그런데 독일은 실업 급여를 2년까지 주고, 원래 받던 급여의 무려 80%를 줍니다. 스웨덴이 '끝판왕'인데 100%를 줍니다. 왜 이렇게 오랫동안, 많이 줄까요? 그 이유는 간단해요. 다른 일자리를 찾거나 새로운 직업을 준비하려면 시간이 많이 걸릴 텐데, 마음이 다급해져서 치킨집으로 쏠리면 개인에게나 국가적으로나 좋지 않기 때문이지요. 특히 새로운 것을 배우려면 시간이 많이 걸

리니 그동안 국가가 생계를 보장해 주겠다는 겁니다.

저는 복지가 많을수록 좋다는 식의 담론에 대해 상당한 문제의식을 갖고 있어요. 복지는 종류가 매우 다양한데 그 모든 것이 똑같이 중요할까요? 우선순위가 있을 거예요. 그럼 가장 중요한 복지는 뭘까요? 저는 세 가지라고 보는데 첫 번째가 고용 보험이에요. 내가 회사에서 잘리거나, 회사가 망해서 실직 상태가 되어도 상당 기간 생활비가 보장된다면 여유 있게 이것저것 알아보기도 하고 새로운 것을 배울 수도 있지요. 특히 새로운 직업을 위해 뭔가를 배울 기회를 갖는 것은 산업의 수준을 높이고 경제에 활력을 불어넣는 데에도 도움이 됩니다.

두 번째로 중요한 복지는 최저 생계 보장입니다. 우리나라엔 가난한 노인들이 엄청 많아요. 노인 빈곤율이 40%가 넘는데, 오이시디(OECD)에서 2위를 압도적인 차이로 따돌리는 1위입니다. 세 번째가 보육인데 이건 우리나라 출산율이 1.1에서 1.2 사이, 사실상 전 세계 꼴찌임을 감안하면 정말 중요합니다.

독일과 스웨덴에는 대학 등록금이 없습니다. 2000년

대 들어 독일의 일부 주에서 대학 등록금을 조금 받기도 했는데 그나마도 최근 다시 무료로 바꿨습니다. 유럽 주요 국가들 중에는 영국만 대학 등록금이 비싸요. (영국은 대학 등록금을 유학생에게는 비싸게 받고 자국인에게는 싸게 받아요. 자국인 기준 평균 등록금이 원래 한국보다 낮았는데 최근 정부 재정이 안 좋아지면서 한국보다 높아졌어요.) 나머지 유럽의 주요 국가들은 등록금이 매우 싸거나 무료입니다.

등록금이 싸면 뭐가 좋을까요? 물론 교육 기회 균등이라는 가치를 실현하는 데에 좋겠지요. 그런데 그 외에 더 큰 장점이 있어요. 재교육 비용이 낮으면 직업을 바꾸기가 상대적으로 쉬워진다는 겁니다. 대학에서 새로운 것을 배우고 이를 통해 직업을 바꿀 수 있으니까요. 학비가 비싸면 그러기가 어렵지요.

스웨덴은 대학 진학률, 그러니까 고등학교 졸업 후 1~2년 안에 대학에 가는 비율이 한국의 절반을 좀 넘는 수준인데, 성인 중에서 대학 교육을 이수한 사람의 비율은 한국하고 비슷해요. 좀 오래된 통계이긴 하지만 2006년 기준으로 스웨덴 30대(30~39세) 전체 인구 중 13%가 대학을 다니고 있었고, 40대 이상 인구 중 3%가 대학을 다니고 있었습니다. 그만큼 고등학교를 졸업하고 나서 한참 뒤에 재교육 차원에서 대학을 다니는 사람들이 많다는 뜻입니다. 대학을 꼭 고등학교를 나온 뒤에 바로 가야 할까요? 유럽 나라들처럼 직장 생활을 먼저 하다가, 혹은 전공을 바꾸고 싶을 때 대학을 다니면 안 되는 걸까요?

정리해 보면 4차 산업 혁명으로 인해 가장 중요해지는 사회 제도는 바로 고용 보험과 재교육 기회입니다. 그런데 고용 보험이 우리나라 주요 복지 가운데 가장 인기가 없어요. 여의도 정치인 중에서도 고용 보험을 이야기하는 사람이 별로 없고, 노동계에서도 큰 의지가 없습니다. 큰일이에요.

대학 교육을 평생 교육으로 전환하는 것도 마찬가지예요. 어차피 우리나라는 저출산으로 인해 앞으로 고등학교 졸업자 수가 빠른 속도로 줄어들 거예요. 대학이 지금 규모와 모습으로는 유지가 안 될 겁니다. 그러니 정부에서도 대학 구조 조정이다 뭐다 하고 있어요. 하지만 이참에 대학의 핵심적인 기능을 평생 교육 쪽으로 무게 중심을 옮겨야 한다고 주장하는 분들은 별로 보지 못했습니다.

창의력보다
자기 주도 학습 능력

4차 산업 혁명으로 인해 '사회적'으로는 고용 보험과 재교육 기회가 중요해진다는 것을 말씀드렸습니다. 그러면 '개인적'으로는 어떤 능력이 필요해질까요? 바로 '자기 주도 학습' 능력입니다. 직업을 바꾸려면 새로운 걸 배워야 하는데 그때마다 엄마가 학원을 알아봐 주지는 않을 것 아니에요?

이 대목에서 자기 주도 학습 이야기가 나온 것을 듣고 피식, 하고 웃는 분들도 있을 거예요. 중·고등학교에 다닐 때 이미 해 본 거니까요. 그런데 제가 지적하고 싶은 건 여러분이 지금까지 경험한 자기 주도 학습은 대부분 진짜 자기 주도(self-directed) 학습이 아니라는 거예요. 자기 관리(self-managed) 학습이었습니다. 좀 심하게 표현해 보자면 '가짜'라는 말이죠.

자기 주도 학습은 네 단계로 되어 있어요. 학습의 목표 설정, 수단 선택, 실행, 평가. 이 네 가지를 모두 자기 주도적으로 하는 게 바로 자기 주도 학습입니다. 그런데 여러분은 대부분 목표 설정을 자신이 하지 않았어요. '중간고사 100점'이라는 목표를 갖고 달리는 것은 자기 주도 학습이 아닙니다. 자기 관리 학습이지요. 그게 나쁘다는 것은 아닙니다. '엄마 관리 학습'보다는 훨씬 좋아요. 그리고 자기 관리 학습도 쉽지 않아요. 자기 관리 학습을 정의해 보자면 '자기 성찰을 통한 체계적 복습'이라고 할 수 있는데 이것도 쉬운 건 아니죠. 하지만 자기 관리 학습은 '목표 설정'이 빠져 있다는 점에서 '자기 주도 학습'과 결정적으로 다릅니다.

이걸 공교육에서 어떻게 할 수 있을까요? 공교육에서 학생들에게 학습 목표를 스스로 설정할 수 있게 하는 일반적인 방법에는 두 가지가 있습니다. 하나는 앞에서 이야기한 것처럼 수강 신청 제도를 도입해서 자기가 원하는 과목을 선택할 수 있도록 하는 것이고, 또 하나는 '프로젝트 수업'을 하는 겁니다.

프로젝트 수업은 다른 말로 과제 연구 수업이라고도 합니다. 이 수업에서는 본인이 스스로 수업을 통해 달성할 목표를 설정해요. 우리나라에서는 특목고에서 조금씩 볼 수 있었는데, 2010년 무렵에 제가 부산남고에 갔다가 일반고에서 하는 프로젝트 수업을 처음 목격했어요. 학생들이 '석빙고의 과학적 원리에 대한 탐구'라든가 '한국 경영자들의 경영 철학 연구' 같은 주제를 자율적으로 정해서 연구를 하고 논문을 쓰더군요. 중간발표도 하고, 최종 보고서 프레젠테이션도 하고 논문들을 모아서 책으로도 펴내요. 이후 프로젝트 수업을 정규 수업으로 편성하는 학교가 점점 많아지는 것을 보게 돼요.

그런데 우리나라 고등학교에서 볼 수 있는 프로젝트 수업은 대개 프로젝트 수업을 위한 과목과 시간을 따로 배정해서 거기서만 그 수업을 해요. 선진국에서는 프로젝트 수업을 일반 교과목에서도 합니다. 앞서 제가 소개한 대학 입시 문항 중에서 '사업 기획서를 써 보라'는 것이 있었죠? 스웨덴에서는 일반 정규 수업에서 프로젝트 수업을 워낙 많이 하기 때문에 이런 대입 시험 문항도 나올 수 있어요.

　프로젝트 수업을 일반 교과목에서는 어떻게 할까요? 영국의 예를 들어 볼까요? 선진국 중에서 최초로 코딩을 필수 과목으로 만든 나라가 영국이에요. 코딩 교육에 대한 영국 정부의 지침을 보면 교과서에 실린 내용을 강의해서 가르치는 것이 아니라, 학생들이 스스로 학습 목표를 정하는 프로젝트 수업으로 하라고 되어 있어요. 그러면 아이들이 흥미를 가지고 참여하게 되지요. 어떤 '어플'을 만들지 스스로 정하니까요. 예를 들어 '나는 (또는 우리 팀은) 우리 동네 맛집을 평가하는 어플을 만들겠다.'라고 정하는 거죠. 코딩은 이 프로젝트를 완성하기 위한 도구로서 필요한 만큼 스스로 익히는 겁니다. 어차피 코딩을 어떻게 배우면 되는지도 인터넷에서 찾아보면 다 나오잖아요. 금세 찾을 수 있는 동영상 강의도 많아요. 교사는 전체적인 과정을 살펴보면서 어려움을 상담하고 가이드를 해 줄 뿐, 일일이 뭘 배워라 지시하지 않죠.

최근 우리나라에서도 코딩이 필수 과목으로 지정되었거든요? 그런데 아주 고리타분한 방식으로 수업을 하죠. '높으신' 분들이 교과서를 만들어 내려보내면서 이대로 가르치라고 하면 학교에서 그대로 가르쳐서 진도 나가고 중간고사와 기말고사를 보는 식이에요. 4차 산업 혁명에 대비해 코딩을 가르친다면서 완전히 1차 산업 혁명 방식으로 하고 있는 겁니다. 한숨이 절로 나와요.

사실 영국은 국가에서 교과서를 정해 주지 않습니다. 이를 '교과서 자유 발행제'라고 하는데 대부분의 선진국에는 교과서를 국가가 만들어 주거나 검정하는 제도가 없어요. 교과서 검정이라는 건 일종의 검열인데, 오이시디 국가 중에서는 일본과 한국에서나 볼 수 있습니다. 그럼 대부분의 선진국들은 어떻게 할까요? 국가에서는 중3 때 2차 함수를 어느 정도 수준으로 가르치라는 식으로, 대강의 지침만 줍니다. 나머지는 알아서 자율적으로 하라는 거예요. 그래서 교과서를 교사가 집필하기도 하고,

민간 출판사가 만든 교과서를 채택해서 쓰기도 해요. 심지어 교과서 없이, 예를 들어 문학 작품 몇 권을 가지고 수업하기도 해요. 이런 환경이니 프로젝트 수업을 도입하는 것이 우리보다 훨씬 쉽지요.

우리나라에도 이런 변화가 시작될 예정이에요. 수강 신청은 '고교 학점제'라는 이름으로 시작할 예정이고, '교과서 자유 발행제'도 최근 정부에서 단계적으로 도입할 계획을 세우기 시작했습니다. 교과서 자유 발행제를 한다고 해서 자동으로 프로젝트 수업을 하게 되는 건 아니지만 프로젝트 수업을 하는 데 유리한 여건이 마련될 수 있지요. 이런 것이 '목표 설정'을 본인이 직접 하는, 진정한 자기 주도 학습을 위한 출발점이겠지요.

흔히 4차 산업 혁명이 일어나면 창의력이 중요해지니까 창의력을 키우는 교육을 해야 한다고 말합니다. 저는 이건 뭔가 이상한 논리라고 봐요. 지금 당장 유튜브에 들어가서 영어로 '인공 지능 음악'(artificial intelligence music)이라고 입력하면 인공 지능이 만든 음악들이 막 나옵니다. 그러니까 상당히 창의적인 활동이라고 여겨졌던 분야도 이제 인공 지능이 잠식하기 시작했어요. 저는 창의력을 키우는 교육이 중요한 건 맞지만 이를 4차 산업 혁명과 바로 연결하는 건 무리라고 봅니다. 1, 2, 3차 산업 혁명 때 창의성이 중요하지 않았던 것도 아니잖아요. 그리고 창의력을 중시하는 서구 선진국의 교육 체제는 4차 산업 혁명보다 훨씬 이전에 자리 잡은 것입니다.

그러니 앞으로 교육의 초점은 창의력 자체보다는 자기 주도 학습 능력, 특히 본인이 스스로 학습 목표를 설정하는 능력에 맞춰야 한다고 봅니다. 물론 이 과정에서 창의력도 이전에 비해 훨씬 더 키워 갈 수 있겠지요. 이제는 일생 동안 직업을 여러 번 바꿔야 할 확률이 높아졌고, 그때마다 본인이 뭘 배울지 스스로 결정할 수 있어야 한다는 것이 4차 산업 혁명이 우리 교육에 던지는 화두예요. 특히 한국의 코딩 교육처럼 '1차 산업 혁명스러운' 일을 계속하는 건 제발 그만두어야 합니다.

지금 같은 대학 교육이
계속 필요할까?

저는 2000년에 메가스터디를 창업했을 때, '이제 학교에서는 더 이상 주입식 교육을 할 필요가 없겠구나.'라고 생각했어요. 이미 고등학교 때 다들 느끼셨을 겁니다. 수능 강의를 우리 학교 선생님이 더 잘합니까, 인터넷 스타 강사가 더 잘합니까? 주입식 교육은 인터넷 스타 강사가 훨씬 잘하잖아요. 그런데 왜 막대한 국민 세금을 들여서 학교에서 반복하나요? 오프라인 교육은 상호 작용이 필수적인 교육으로 가야죠. 토론하고 탐구하고 서로 도와 가며 배우는 교육, 스스로 목표를 정하고 질문을 내놓고 이를 해결해 가는 교육으로 바뀌어야 합니다.

이런 점을 생각해 보면 인터넷 강의가 던지는 함의는 대단한 거예요. 이제 대학 교육도 이전보다 훨씬 높은 수준으로 표준화하는 것이 가능해졌습니다. 대학 강의가 무크(MOOC, 온라인 공개 수업) 같은 형태로 인터넷에 개방되기 시작했고, 얼마 전에 드디어 미국의 애리조나 주립대가 순수하게 온라인 수업만으로 학사 학위를 주기 시작했어요. 오프라인 학생들이 받는 것과 완전히 동일한 정규 학위를 주는 곳은 애리조나 주립대가 처음입니다.

전국에 회계학을 배우는 대학생들이 많을 겁니다. 그런데 회계 관련 수업을 왜 꼭 이 학교의 이 교수님께 배워야 되나, 이런 의문이 들지 않아요? 그럴 필요 없잖아요. 어떤 수업은 사실 인터넷 강의를 듣는 게 더 합리적일 거예요. 대면해서 하는 교육은 프로젝트 수업으로, 토론하고 탐구하는 형태로 바꾸고, 표준화할 수 있는 것들은 온라인 등을 통해 처리하는 방향으로 가야지요.

저에게 이런 문제의식을 강화한 사람이 두 명 있습

니다. 한 명은 제 고등학교 후배인 카이스트의 정재승 교수예요. 2004년 초에 정 교수를 만나서 그랬죠. "나 메가스터디 그만뒀는데 인터넷 강의를 무료로 하게 될 것 같다." 그랬더니 대답이 한마디로 "그거 뭐 하러 하나!" 예요. 책 읽고 토론하고 생각하는 교육을 해야지, 인터넷 강의는 어차피 주입식 교육인데 무료니까 좋은 거라는 생각은 너무 일면적이라는 거죠.

또 한 사람은 노무현 정부 때 법무부 장관을 했던 천정배 의원입니다. 2009년엔가 천 의원을 만난 적이 있어요. 이분이 밥을 먹다가 갑자기 "이 선생, 우리나라 아이들이 언제까지 객관식 문제를 풀어야 되는 거야?" 하고 물어보는 겁니다. 저뿐만 아니라 시대를 앞서 고민하던 사람들에게는 다들 이런 문제의식이 있었던 거죠.

그런데 우리는 초중고뿐만 아니라 대학에서조차 아직 주입식 교육에서 벗어나지 못하고 엄청난 낭비를 하고 있어요. 2014년에 서울대 교수학습개발센터에 근무하던 이혜정 교수가 『서울대에서는 누가 A⁺를 받는가』라는 책을 냈어요. 서울대에서 많은 학생을 대상으로 실증 연

구를 해 보니, 교수가 수업 시간에 한 이야기를 토씨 하나
도 안 빼먹고 필기해서 그대로 답안지에 써 내는 게 에이
플러스를 받는 가장 효과적인 방법이더래요. 이게 우리
나라 최고 대학의 모습이라면 정말 우리나라에는 미래가
없습니다.

저에게 이런 문제의식이 강한 건 제 나름대로 자기 주
도 학습을 해 본 경험이 많기 때문이기도 합니다. 저는 어
려서부터 생명 현상에 관심이 많아서 분자생물학과를 졸
업했는데, 대학을 다니면서 다른 분야도 많이 들여다봤
습니다. 당시 대학가를 풍미했던 역사나 철학, 사회 과학
이론에도 관심이 있었지만, 그 외에 저에게는 확실히 부
전공이었다고 볼 만한 게 세 가지 있었어요.

첫째는 사진입니다. 대학 1학년 시절 사진 동아리에
들어갔다가 대단한 매력을 느꼈고 급기야 대학 신문사에
서 사진 기자를 했습니다. 선배들하고 사이가 안 좋아서
기자 생활은 두 학기 만에 그만뒀습니다만. 당시 저의 예
술적인 감각은 그리 좋지 않았던 것 같아요. 하지만 이론
이나 기술적 측면에서는 최고 수준의 커리큘럼을 만들어

놓았어요.

둘째는 환경입니다. 저는 환경 문제에 굉장히 관심이 많았거든요. 중고생 시절 저에게 영향을 가장 많이 준 책이 미국의 환경 운동가인 배리 카머너의 『원은 닫혀야 한다』였어요. 그런데 대학에서 보니 주류 학생 운동권에서는 이런 책을 백안시하더군요. 그래서 오기로 역시 최고 수준의 커리큘럼을 만들어서 보급했지요. 환경이라는 게 애초에 자연 과학과 사회 과학을 넘나드는 분야잖아요? 그 커리큘럼을 보면 문, 이과 구분이 완전히 허물어져 있습니다.

셋째는 과학사입니다. 대학 3, 4학년 때에는 과학사 과목들을 꾸준히 수강했는데, 고민하다가 결국 과학사로 전공을 바꿔서 대학원에 진학했지요.

대학 시절에 정말 바빴겠지요? 과외 아르바이트도 한두 건씩 늘 하고 있었는데, 부전공 세 가지를 자기 주도적으로 한 셈이니까요. 전공 공부도 꾸준히 해서 졸업할 때 평균 평점이 3.5였으니까 나쁜 건 아니었어요. 그 때문에 연애를 대학원에 가서야 처음 해 봤습니다. 관심은 많았는데 시간이 없으니 '썸'을 더 이상 발전시킬 수가 없었어요.

지금 여러분이 경험하고 있는 대학 교육은 그리 효과적이지도, 바람직하지도 않은 모습입니다. 제도적인 측면에서 보자면 앞으로 개선할 점이 한두 가지가 아니에요. 하지만 제도가 바뀌기만을 기다리고 있을 수는 없잖아요? 개개인이 목적의식을 갖고 노력한다면 어느 정도 자기 주도 학습이 가능할 거예요. 경제적 어려움 때문에 아르바이트를 많이 해야 하는 학생들도 적지 않긴 하지만 적어도 중고생 시절보다는 좀 더 많은 자유가 있잖아요.

'탈스펙'과
탈학벌,

3

노동 시장의
변화

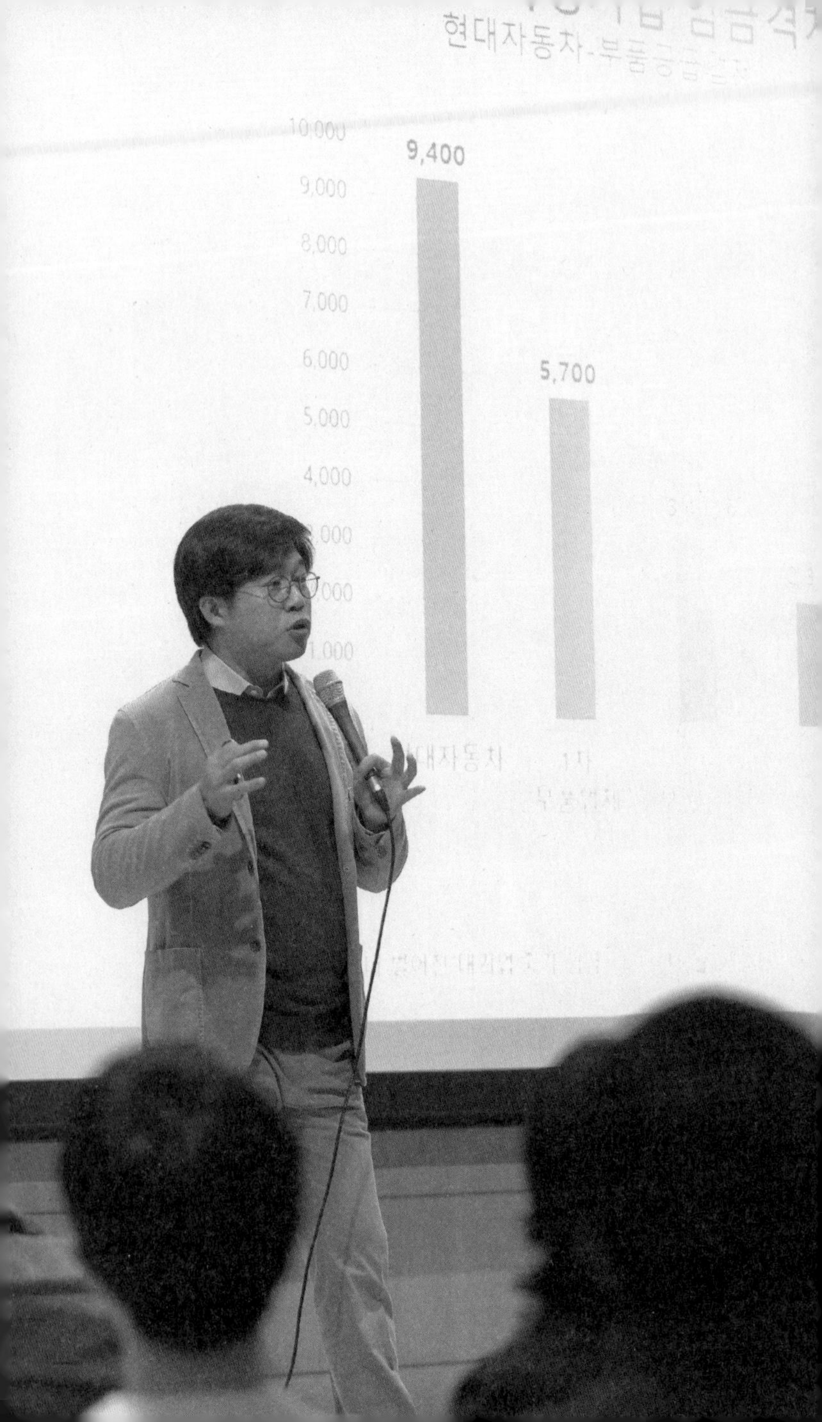
10,000
9,000
8,000
7,000
6,000
5,000
4,000
9,400
5,700

학벌 의식은
어떻게 생겨났을까?

여러분은 학벌, 그러니까 명문대를 나왔다는 이른바 '간판'의 가치가 예전에 비해 낮아진 것 같아요, 아니면 높아진 것 같아요? 과거와 현재를 비교할 수 있는 세대, 즉 기성세대에게 물어보면 예전에 비해 낮아졌다고 답하는 분들이 훨씬 많습니다. 아마 여러분도 비슷한 느낌을 받을 거예요. 그런데 그 이유를 이해하는 분들은 거의 없어요. 지금부터는 학벌과 학벌 의식이 약화된 이유를 분석해 보겠습니다. 그 과정에서 우리나라 노동 시장이 어떻게 변화하고 있는지 이해하게 될 거예요.

우리나라는 대학을 나왔는지 안 나왔는지를 많이 따질 뿐만 아니라, 대학을 나왔다 해도 어느 대학 출신인지를 굉장히 따지는 편입니다. 이렇게 학벌 의식이 발달한 것은 물론 대학 서열화의 심화, 즉 대학들 간의 격차가 커졌기 때문이지요.

대학 사이에 서열이 별로 없어서 대학이 '평준화'되었다고 하는 나라들이 있어요. 주로 유럽에 있는 프랑스, 독일, 스웨덴 같은 나라예요. 프랑스의 경우 1969년에 대학이 평준화되어서 대학 입시인 바칼로레아에서 일정 점수 이상을 받으면 어느 대학이든 복수 지원해서 입학이 가능합니다. 단, 지원자가 특정 대학에 너무 몰리면 추첨으로 선별해요. 프랑스는 대학 이외에 그랑제콜이라는 엘리트 교육 기관이 있으니까 평준화가 아니라는 분들이 있는데, 이 말은 절반은 맞고 절반은 틀립니다. 그랑제콜은 학부가 아니라 대학원이거든요. 다만 여기에 도전하기 위해 일부 학생들이 '프레파'라고 불리는 특수한 교육 기관에서 공부해요. 만일 프레파를 졸업했는데 그랑제콜에 입학하지 않으면 학사 학위를 줍니다.

프랑스는 대학의 선발 과정까지 평준화한 좀 독특한 사례이고, 독일이나 스웨덴은 다른 나라들처럼 성적순으로 선발해요. 즉 지원자들을 성적순으로 줄 세워서 모집 정원 내의 인원만 합격시킵니다. 만일 어느 대학, 어느 학과의 정원이 200명인데 500명이 지원했다 하면 성적순으로 200등에서 자르는 거죠. 의대나 법대 같은 인기 전공은 성적이 좋아야 합격할 수 있어서 상당한 경쟁이 존재합니다. 그렇다면 독일이나 스웨덴은 어떤 의미에서 '평준화'되었다고 말할 수 있을까요?

대학들의 수준이 고르다는 데에 있습니다. 즉 대학들의 수준이 서로 엇비슷하고 편차가 적다는 의미에서 평준화되었다고 말하는 거죠. 그래서 독일에서는 어느 대학 출신인지는 중요하지 않습니다. 그보다는 대학을 졸업할 때 우수 논문상을 받았는지 여부가 더 중요합니다.

독일이나 스웨덴에는 지방대라는 개념도 없습니다. 그 이유는 간단해요. 지방이 없으니 지방대가 있을 수 없어요. 사실 '지방'이라는 말은 이상한 말 아니에요? 서울,

그 옆은 수도권, 나머지는 다 지방. 이건 굉장히 이상한 개념입니다. 지방은 지역, 즉 로컬(local)이라는 개념과도 전혀 다르죠. 이런 유의 지방 개념을 가진 나라는 거의 없어요. 프랑스만 해도 파리가 중심이라는 관념이 좀 있지만 독일에는 그런 관념이 거의 없습니다.

물론 우리나라에서 프랑스나 독일, 스웨덴을 이야기하면 조금 괴리감이 느껴지지요. 너무 먼 나라 이야기 같고요. 우리 현대사에 가장 큰 영향을 준 나라는 미국과 일본이니까요. 그런데 이 두 나라에는 모두 대학 서열(랭킹)이 있어요. 미국의 『USA 투데이』 같은 언론에서는 아예 1년에 한 번씩 미국 대학 랭킹을 1등에서 100등까지 대서특필합니다. 그래도 한국만큼 대학 서열이 심하지는 않아요. 우리는 대부분의 분야에서 1등이 서울대라고 보잖아요. 하지만 미국은 하버드, 프린스턴, 예일, 엠아이티(MIT), 스탠퍼드, 캘리포니아 공대 등이 있어 분야별 1등이 다른 데다가 대학들 사이의 격차가 우리보다는 확실히 작아요. 또 사립대 등록금이 너무 비싸기 때문에 어지간한 중산층도 대학 랭킹에서 아예 사립대 명단을 지우고 생각하기도 합니다.

일본에도 대학 서열이 있고 그 정점에 한국의 서울대에 해당하는 도쿄대가 있습니다. 그래도 일본은 도쿄대 외에 각 지방에 교토대처럼 옛날에 '제국 대학'이라고 불린 명문 국립대들이 있고 이런 지방 국립대들이 대단한 위상을 가지고 있습니다. 이 대학들에 합격하기가 도쿄 지역 사립대에 합격하기보다 어려운 편이에요. 즉 이들 나라에도 대학 서열이 있지만 우리처럼 심하게 '일극화' 되어 있지는 않습니다.

정부의 학벌=
대학 서열화+고시 제도

이제부터 '대학 서열'이 '학벌'로 발전하게 된 메커니즘을 살펴보도록 하지요. 그러다 보면 '정부'와 '민간'의 학벌이 서로 다른 방식으로 발전했음을 알 수 있습니다.

우리나라는 웬만한 장관, 차관, 검찰 총장 들이 대부분 '스카이' 대학을 나왔습니다. 정부에 학벌이 존재하죠.

그런데 이것이 선배들이 후배들을 끌어 준다든지 하는 방식으로 이루어진 걸까요? 절대로 그렇지 않아요. 정부 내의 학벌이 인위적으로 만들어진 것이라고 보면 곤란합니다. 특히 서울대를 나온 사람들은 아는데, 서울대 출신들은 후배들에 대해 그다지 신경 쓰지 않는 편이에요. 정부의 학벌은 인위적인 작용보다 '제도'의 산물이에요. 특히 심한 대학 서열이 고시 제도와 겹쳤다는 점에 주목할 필요가 있습니다.

우리나라에서 9급 공무원을 어떻게 선발하지요? 시험으로 하지요. 7급 공무원은요? 시험으로 해요. 5급 공무원도 시험으로 선발하지요. 이 시험이 흔히 말하는 '고시'인데, 최근에 사법 고시는 없어졌지만 행정 고시는 그대로 유지되고 있지요. 고시를 '고급 공무원을 선발하는 시험'이라고 정의한다면 고시는 세계적으로 그리 드문 것이 아닙니다. 영국이나 프랑스에도 지금까지 이런 시험이 존재해요. 영국의 경우 고시는 상당히 어려운 논술형 시험인데 이 시험에 합격하면 심지어 1, 2년 안에 장관 앞에서 프레젠테이션을 하는 기회를 잡기도 합니다. 반면 고시가 없는 나라들도 있지요. 대표적인 예가 미국입니다. 미국은 고급 공무원을 서류 심사를 한 뒤 면접을 봐서 뽑거나, 아예 사전에 내정해 놓은 사람을 임의로 채용합니다.

우리나라가 사법 고시를 미국식 로스쿨로 바꿨지요? 행정 고시도 미국처럼 바꾸자는 움직임이 있습니다. 이미 이명박 정부 때 행정 고시 개선안이 나온 적이 있어요. 미국처럼 서류 심사와 면접으로 뽑자는 것이었습니다. 그런데 사람들이 엄청 반대했지요. 왜 반대했을까요?

행정 고시를 없애면 현대판 음서제가 될 것 아니냐는 거죠. '있는 집' 자식, '아는 집' 자식 들을 뽑아 줄 것 아니냐 하는 이유에서였습니다. 사실 로스쿨의 학생 선발이나 대입 학종(학생부 종합 전형)과 관련해서도 불공정 시비가 있잖아요? 행정 고시가 미국식으로 바뀌면, 과연 공정하게 운영이 되겠느냐 하는 의심이 들 수 있지요. 그래서 이명박 정부가 행정 고시 개혁 시안을 내놓았다가 반발에 부딪혀 철회하게 된 겁니다.

그럼 이 고시에 합격할 만한 사람들은 주로 어느 대

학에 모여 있을까요? 물어볼 필요도 없습니다. 고시라는 허들 앞에 '입시'라는 허들이 있으니까요. 그런데 고시와 입시는 둘 다 시험이고, 그 문제 유형도 상당히 유사합니다. 입시를 잘 본 사람들은 어느 대학에 모일까요? 대학 랭킹이 확실하니 이 사람들은 '스카이' 대학에 확 쏠려 있게 됩니다.

사람이 가진 능력 중에 시험으로 드러나는 능력은 부분적입니다. 시험을 잘 보는 사람들은 인간형 자체가 좀 남다르지요. 저는 농담 삼아 '시험형 인간'이라고 부르는데요, 인정 욕구와 성취욕이 강한 편이고 지능도 높은 편이고 약간 강박적 성향이 있는 경우도 많아요. 저도 사실 시험형 인간이었습니다. 이과여서 고시와는 좀 거리가 멀었습니다만. 하여튼 입시가 일종의 '필터'로 작용해서 '스카이' 대학이 이런 시험형 인간들로 채워지는 겁니다. 이 사람들은 당연히 고시도 잘 보겠지요. 그래서 남들이 7급, 9급에서 시작할 때 5급에서 시작합니다. 시작부터 유리하지요. 좀 승진하다 보면 1, 2급이 보이겠고요. 자, 이 과정이 선배들이 끌어 준 덕인가요? 이 과정에 어떤

인위적 작용이 있나요? 없어요. 대학 서열화와 고시 제도
가 겹치면서 아주 자연스럽게 정부의 인재 풀이 명문대
출신들로 채워진 겁니다.

지금은 고시로 뽑는 인원이 꽤 늘어났지만 예전에는
얼마 안 뽑았어요. 행정 고시가 아닌 사법 고시의 사례입
니다만, 노무현 전 대통령이 사법 고시에 합격했던 때가
1970년대거든요. 그때 1년에 몇 명 선발했는지 아세요?
겨우 60명이었습니다. 사법 고시가 나중에 1,000명까지
선발했고 요즘 로스쿨 제도에서는 2,000여 명을 선발한
다는 것을 고려해 보세요. 60명에 뽑힌다는 건 한마디로
출셋길로 접어들었다는 뜻이지요. 당시 노무현 전 대통
령이 고졸인데 합격해서 화제가 되었는데, 그해 합격자
60명 중에서 서울대 출신이 몇 명이었는지 아세요? 거의
40명에 가까웠어요. 그때는 연고대 출신도 몇 명 안 되었
습니다.

문재인 대통령이 사법 고시에 합격한 것이 1980년인
데, 이때는 정원이 늘어서 100명이 넘어갑니다. 문재인
대통령은 서울대를 갈 만한 성적이었다고 하는데 집안이

어려워서 경희대에서 장학금을 준다고 하자 경희대를 다녔어요. 그런데 1980년 사법 고시 합격자 중 경희대 출신이 몇 명이었는지 아세요? 딱 한 명이었어요. 고시 정원이 적었던 과거에는 서울대의 비중이 지금보다 훨씬 컸습니다. 나중에 정원이 늘면서 다른 대학 출신들이 그나마 많아진 겁니다. 지금과 같은 대학 서열과 고시 제도가 크게 변화하지 않는 한, 30년 뒤에도 장관이나 검찰 총장은 주로 '스카이' 출신이 될 겁니다.

민간의 학벌 = 정부의 학벌 + 정부 주도 경제

지금까지 정부의 중요한 자리를 '스카이' 대학 출신이 장악한 이유를 살펴봤어요. 그러면 민간 기업의 중요한 자리를 '스카이' 출신이 장악한 건 무엇 때문일까요? 민간에 학벌이 만들어지게 된 주요한 이유는 바로 '정부 주도 성장' 때문입니다. 이를 알려면 우리나라의 경제 성장이 얼마나 특별한 방식이었는지 이해할 필요가 있습니다.

우리나라에는 1960년대에서 80년대 사이에 '경제 개발 5개년 계획'이라는 것이 있었어요. 그런데 '경제 개발 5개년 계획'이라는 말을 처음 쓴 나라는 어느 나라였을까요? 소련입니다. 정부가 경제를 '계획'한다는 발상 자체가 자유 시장 경제보다 사회주의 경제를 떠올리게 하잖아요.

러시아는 1917년 사회주의 혁명이 일어나서 소련이 되었는데, 당시 소련은 농업 국가였습니다. 땅도 넓고 인구도 많아서 강대국이긴 했지만 공업이 약했어요. 그런데 1920~30년대에 '경제 개발 5개년 계획'으로 엄청난 고속 성장을 해요. 사회주의가 나중에 망해서 그렇지, 한때는 경제적으로 잘나갔습니다. 인공위성 같은 건 미국보다 먼저 쏘아 올리는 데 성공하지요.

북한도 경제 개발 계획을 한국 전쟁 끝나고서 3, 4년쯤 뒤에 시작했습니다. 우리나라는 박정희 전 대통령이 1960년대에 집권해서 시작하지요. 박 전 대통령의 사상을 추적해 보면 여러모로 자유 시장과는 거리가 멀었어요. 만주군 장교로 근무하던 시절에 일본 군부의 만주국

개발 계획을 들여다봤던 것으로 보이는데 이것이 자유 시장 경제와는 거리가 먼, 계획 경제 스타일의 방안이었습니다. 그리고 1946~48년 사이 국군 내 남로당 비밀 조직의 조직 책임자로 활동했는데 이 무렵 또는 그 전부터 소련의 경제 개발 계획과 그 성과를 알고 있었던 것으로 보여요.

박정희 전 대통령이 1960년대에 집권해서 경제를 자유 시장에 맡겼느냐? 아닙니다. 이런 식이었겠지요. 삼성 그룹 창업자인 이병철 회장을 불러서 이렇게 말하는 겁니다.

"이 회장, 우리가 여러 가지로 뒤를 봐주고 도와줄 테니까, 충주에다 비료 공장 좀 세워 봐."

그렇게 세워진 것이 우리나라 최초의 대규모 화학 비료 공장입니다. 현대 그룹 창업자인 정주영 회장을 불러서는 이렇게 말했겠죠.

"정 회장, 우리가 좀 도와줄 테니까 울산에 가서 조선소 좀 세워야겠어."

그래서 정주영 회장이 조선소 설립을 시도하다가 워

낙 기술도 달리고 자본도 모자라니 대통령에게 어렵다고 하소연했어요. 그러자 박 전 대통령이 심지어 협박성 발언을 했다는 겁니다. 그 시절에는 정부 눈 밖에 났다가 공중분해 되다시피 한 기업이 여럿 있었으니까, 거역하기 어려웠을 거예요.

이런 경제 성장 방식은 '자유 시장 경제'라고 보기 어렵죠. 여러분은 과거 우리 경제의 성장 방식이 얼마나 예외적인, 강력한 정부 주도 성장 방식이었는지 이해해야 합니다. 이런 상황에서는 사회 전체적으로 정부 고위 관료들이 그냥 '갑'이 됩니다. 내가 아무리 큰 회사의 사장이라도 관료들 앞에선 꼼짝 못 해요. 고위 관료들이 어떻게 하는지에 따라서 우리 회사가 흥할 수도 있고, 망할 수도 있고, 한 방에 날아가 버릴 수도 있으니까요.

여러분이 그런 갑 아래에서 사업을 하는 사업가라고 생각해 보세요. 누구를 직원으로 데리고 있고 싶겠습니까? 예를 들어 최순실이 '갑'이라는 것을 알고 있다면 여러분은 누구를 데리고 있어야 하지요? 최순실과 친한 사람을 데리고 있어야 합니다. 갑을 관계가 확실하면 '연고'가 중요해져요. 그런데 우리나라에 3대 연고가 있거든요. 혈연, 지연, 학연입니다. 혈연이나 지연은 다른 나라에서도 볼 수 있는 건데, 우리나라는 학연이 아주 강한 특이한 문화가 있습니다.

제가 대학교 3학년 학생인데 1학년 신입생 후배를 만났다고 가정해 보죠. 난생처음 만나서 인사를 했어요.

"야, 나 3학년 누구야. 반갑다. 너는 이름 뭐니?"

오늘 처음 만났으니까 친할 리가 없잖아요. 겨우 서로 이름을 알게 된 사이니까요. 그런데 내가 얘를 데려가서 아무렇지도 않게 점심을 사 줍니다. 이상하지 않습니까? 가족도 아닌데, 아직 친하지도 않은데. 저녁이 되면 술도 사 줘요. 내일도 또 사 줍니다. 언제까지 사 주냐면 죽을 때까지 사 줍니다. 우리나라에는 이렇게 동문 사이가 아주 가까운, 독특한 문화가 있어요. 이건 적어도 조선 시대까지 거슬러 올라가는 오래된 문화예요.

과거에 기업들의 갑, 즉 정부 고위 관료들은 어느 대학 출신이었을까요? 고시 합격자들이니 대체로 '스카이' 출신이지요. 그러니까 '을'도 '스카이' 출신이 유리합니다. 동문 관계가 유착의 통로로 활용되는 거죠. 요즘은 우리가 정경 유착을 나쁘다고 생각합니다. 하지만 여러분이 타임머신을 타고 과거로 돌아가서 이런 기업 환경에서 사업을 하게 된다면 여러분도 십중팔구 갑들과 유착할 수밖에 없을 겁니다.

'갑 스카이'와 '을 스카이'가 단합 대회를 하는 곳이 어디였을까요? 지하에 있습니다. 바로 룸살롱이지요. 초기에는 기생집에서 진화한 '요정'이라는 곳이었는데 1970년대 후반 이후 룸살롱으로 진화합니다. 룸살롱은 친구들끼리 놀러 가는 곳이 아니에요. 엄청나게 비싼데, 누가 자기 돈 내고 그런 곳에 놀러 가겠어요? 룸살롱은 '접대'를 하는 곳, 즉 갑과 을이 만나는 곳입니다. 거기서 을이 갑한테 술을 따라 주면서 뭐라고 부르겠습니까? '선배님'이라고 부르겠죠? 선배님에서 시작하면 30분도 안 되어서 '형님'으로 바뀝니다. 다시 30분쯤 지나면 어깨동무하고 노래도 불러요. 만일 우리 회사와 경쟁 관계에 있는 회사가 갑들과 이렇게 어울려 다니기 시작하면, 우리 회사는 그 회사에 밀리겠지요? 그러면 우리 회사는 어떻게 해야 될까요? 우리도 '스카이' 출신을 뽑아서 그들과 유착해야지요.

옛날엔 '스카이' 출신 말고 갑이 하나 더 있었어요. 바로 육사(육군사관학교) 출신입니다. 군사 정권 시절에 육사 출신은 고시 합격한 고위 관료가 아니라도 갑으로 행세할 수 있었어요. 그러니까 내가 육사 출신으로 군 생활을 하다가 전역하게 되면 여기저기서 나를 모셔 가죠. 내가 가진 내재적 가치 때문이 아니라 내가 가진 인적 네트워크 때문입니다. 내가 갑의 친구고 선배고 후배이니 앞다투어 나를 모셔 가는 겁니다. 군사 정권이 끝나면서 육사 출신은 이 지위에서 내려오지만 '스카이'는 좀 더 오래 지속합니다.

그래서 우리나라에서는 정부의 중요한 자리들만이 아니라 민간 기업의 중요한 자리들도 대부분 '스카이' 출신이 차지합니다. 미국, 일본, 한국의 주요 기업 임원진 중에 명문대 출신 비율을 비교한 통계가 있어요. 이 비율은 우리나라가 미국보다 훨씬 높았고 심지어 일본보다도 높았습니다. 한국의 학벌 또는 학벌주의가 세계 최고라는 말이 과언이 아니었어요.

지금까지 정부의 학벌과 민간의 학벌이 형성되는 메커니즘이 좀 달랐다는 점을 짚어 보았습니다. 정부의 학벌은 대학 서열화와 고시 제도가 결합한 결과입니다. 민간의 학벌은 정부 주도 경제로 인해 정부의 학벌이 민간으로 확장된 것이고요.

탈학벌의 원인
세 가지

탈학벌의 원인 하나,
정부는 더 이상 갑이 아니다

자, 그런데 그중 이미 변화한 것이 하나 있습니다. 그게 뭘까요? 객관식으로 물어볼게요. 1번 대학 서열화, 2번 시험으로 관료 선발, 3번 정부 주도 경제 성장. 당연히 3번이지요. 이제 경제에서 정부에 요구되는 역할은, 무슨 산업이 어려우니 정부가 나서서 뒤치다꺼리하라든가, 성장하는 신생 산업에 투자 펀드를 조성하라는 정도지요.

정부가 주도해서 뭘 한다는 이야기는 못 들어 본 지 아주 오래되었습니다.

물론 아직도 정부가 '간섭'을 많이 하는 분야가 남아 있긴 합니다. 대표적인 것이 금융업이에요. '관(官)피아'(관료와 마피아가 합쳐진 은어)라고 들어 보셨죠? 이들의 간섭이 제일 심한 곳이 금융업입니다. 금융계의 '관피아'는 하도 심해서 '모피아'(재무부 출신을 가리키는 말)라고 아예 별도의 은어가 있을 정도예요. 정부의 고위 관료들이 계속 '배 놔라 감 놔라' 하는 거죠.

얼마 전에 보니 우리나라 금융업 경쟁력이 세계 100위 밑으로, 아프리카 우간다 수준이다 하는 기사가 나왔더군요. 왜냐? 우리나라 금융업의 사업 모델이 '땅 짚고 헤엄치는' 식이거든요. 예를 들어 담보가 없으면 대출을 안 해 줍니다. 담보를 확보해야만 대출을 해 준다면, 세상에 이렇게 쉬운 사업이 어디 있어요? 그러니 경쟁력이 좋을 리가 없지요. 이런 기득권 구조를 지탱하고 보호해 주는 게 관치, '모피아'의 힘이에요. 이 '모피아'들은 어느 대학 출신일까요? 고시 합격자들일 것 아니에요? 대체로 '스카이' 출신이에요. 그래서 금융업계에서 은행장까지 올라가려면 가능한 '스카이' 대학을 나와야 해요. 여러분도 은행에 취직하려면 명문대를 나와야 확실히 유리합니다.

그런데 우리나라에서 가장 중요한 산업은 금융업이 아니잖아요? 삼성 그룹에서 제일 큰 회사는 삼성전자, 즉 제조업이지요. 현대차 그룹에서도 현대자동차, 기아자동차, 모비스 등은 말할 것도 없이 제조업이고요. LG 그룹도 LG전자, LG화학 등 제조업이지요. SK 그룹은 SK텔레콤이 서비스업으로 분류되어서 그렇지 SK케미칼, SK하이닉스, SK에너지 등 주력이 제조업입니다. 우리는 재계 서열 1등에서 4등까지가 제조업을 주력으로 해요. 5등에 가야 주력이 유통·서비스인 그룹이 나오는데 이게 롯데죠.

우리나라도 총 규모는 제조업보다 서비스업이 더 큽니다. 하지만 생산성 격차가 아직 많이 나요. 오랫동안 제조업의 경쟁력이 서비스업보다 높았고, 앞으로도 상당 기간 그럴 겁니다. 그런데 미국이나 유럽의 재계 순위를 보세요. 매출액 기준으로 회사들의 랭킹을 매겨 보면 상위에 있는 회사들은, 제조업도 있지만 주로 유통·서비스업이에요. 우리는 잘 실감을 못 하지만 월마트는 정말 큰 회사입니다. 구글이나 아마존도 제조업이 아니라 유통·서비스업이잖아요.

여러분이 지금 우리나라 주력 산업인 제조업계의 사장이라고 생각해 보세요. 옛날이 아니라 지금요. 그러면 정부가 계속 '갑'일 것 같습니까? 이젠 기업이 정부에게 '그냥 방해나 하지 마.' 하는 태도를 보입니다. 예전에 비하면 완전히 데면데면한 관계가 되었죠. 정부가 갑, 기업이 을인 관계가 해체된 겁니다. 그러면 학벌 구조의 변화는 정부에서 일어나겠어요, 아니면 민간에서 일어나겠어요? 당연히 민간에서 일어납니다. 정부 고위 관료들이 '스카이' 출신이더라도 이들이 민간 경제에 미치는 영향력이 줄어들면서 민간에서 학벌의 영향력이 약화되는 거죠.

2014년 삼성 그룹 사장 승진자 명단을 살펴보겠습니다. 왜 2015년 이후가 아니라 2014년이냐면 2015년부터는 삼성 그룹에서 정상적인 승진 인사가 이뤄지지 못했어요. 삼성 그룹이 워낙 크다 보니 원래 1년에 6~8명 정도가 사장으로 승진하는데, 2015년부터는 이건희 회장이 쓰러진다든가 이재용 부회장이 구치소에 간다든가 하는 일로 인해서 제대로 승진 인사가 안 되었습니다. 그래서 예년보다 적게 발표하거나 심지어 승진 인사를 아예 못 했어요. 정상적인 승진 인사가 가장 최근에 이루어진 해가 2014년입니다.

이때 승진한 8명의 출신 대학을 보면 꽤 인상적입니다. 서울대, 성균관대, 중앙대, 한국외대, 숭실대, 성균관대, 서강대, 그리고 이건희 회장의 둘째 딸이 나온 미국 대학. 둘째 딸은 어느 대학 출신인지에 상관없이 우리나라와 같은 재벌 체제에서는 사장이 될 운명이잖아요? 그러니 예외로 치고, 나머지 7명의 출신 대학을 보면 '스카이' 출신은 단 1명이에요.

전체적인 통계를 볼까요? 우리나라 1000대 상장사의 시이오(CEO) 중에 '스카이' 대학(학부)을 나온 사람의 비율입니다. 유니코써어치라는 조사 전문 기업에서 발표한 건데요, 2007년에는 59.7%이던 것이 불과 6년 만에 뚝 떨어져서 2013년에는 39.5%가 됩니다. 3분의 1이 감소해요. 왜 이런 일이 벌어졌을까요?

우리나라가 강력한 정부 주도 경제에서 자유 시장 경제 쪽으로 방향을 틀게 된 중요한 계기가 있었어요. 바로 1997년의 외환 위기입니다. 흔히 'IMF 사태'라고 불리는 이 사건 이후에 한편으로는 비정규직이 늘어난다든가 하는 일이 벌어지지만 다른 한편으로는 경제에서 정부의 영향력이 상당히 줄어요. 이후 기업에서 승진 가도를 달리던 사람들이 사장이 되면서, '스카이'의 비율이 뚝 떨어진 것으로 보입니다.

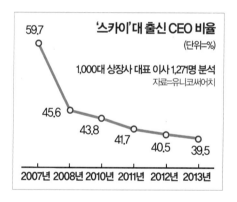

'스카이'대 출신 CEO 비율
(단위=%)

1,000대 상장사 대표 이사 1,271명 분석
자료=유니코써어치

2007년	2008년	2010년	2011년	2012년	2013년
59.7	45.6	43.8	41.7	40.5	39.5

결국 '쟤들이 더 이상 갑이 아닌' 상황이 벌어지니까, 그들과 동문이라는 점은 덜 중요해지고 그 대신 실적 좋

은 사람이 승진하게 되는 거지요. 사실 기업 문화에 밝은 전문가들은 우리나라에서 학벌주의를 가장 먼저 내버린 그룹이 바로 삼성이라고 봅니다. 삼성이 '스카이'를 배척했다는 뜻이 아니라, '스카이' 출신이라고 해서 연줄로 인해 유리해지거나 프리미엄이 없어지는 일이 없어졌다는 거죠. 그리고 다른 그룹들도 시차를 두고 이를 따라가는데, 상당히 극단적인 경우도 발생해요. 제가 3~4년 전에 롯데 그룹의 임원 승진자 명단을 본 적이 있는데 '스카이' 출신이 10% 이하였습니다.

참고로 우리나라 100대 기업 시이오 중에 서울대 출신의 비율을 계산해 본 통계가 있습니다. 월간 『현대경영』에서 조사한 통계인데, 1994년에는 100대 기업의 시이오 중 서울대 출신이 무려 53.9%였습니다. 그런데 2017년에는 24.6%예요. 제가 이 통계를 보여 드리니까 오해하는 분들이 있더라고요. 서울대 출신이 줄어든 만큼 해외 유학파로 채워진 것 아니냐는 거예요. 그런데 우리나라 100대 그룹 시이오의 평균 연령이 만 60세입니다. 그럼 이들은 대체로 70년대 후반 학번인데, 이때는 대학원 유

최근 24년간 100대 기업 CEO 중 서울대 출신 추이
(단위: %, 출처: 월간 『현대경영』)

학도 가기 어려운 시절인데 누가 얼마나 학부 유학을 갔겠습니까? 이건 학부 기준의 통계거든요. 그러니까 서울대 비중이 낮아진 만큼 유학파로 채워진 것이 아니라 국내의 다른 대학 출신들로 채워졌다고 보아야 합니다.

왜 시이오 중에 '스카이' 출신이 감소했을까요? 학벌보다는 실적이 좋은 사람이 유리해졌기 때문이지요. 물론 학벌의 가치가 없어졌다고 보는 건 아니지만 예전보다 상대적으로 많이 하락했습니다. 정부 주도 경제가 끝나면서 연고의 중요성이 떨어졌거든요. 그 대신 개인의 내재적 가치, 예를 들면 시장 대응력이나 조직 적응력 등이 중요해진 겁니다. 학벌이 좋다고 해서 시장 대응력이나 조직 적응력이 좋으리란 법은 없잖아요?

탈학벌의 원인 둘,
정기 채용에서 수시 채용으로

우리나라 대기업이나 중견 기업에서 사원을 채용하고 관리하는 방식이 변화하고 있습니다. 일단 우리의 통념 속에 들어 있는 표준적인 고용 형태가 사실 상당히 특이한 형태라는 것을 이해해야 합니다. 일본에서 배워 온 형태인데, 채용을 '정기적으로' 하는 거죠. 1년에 한 번 아니면 두 번만 뽑습니다. 이런 방식이 왜 특이할까요? 기업에 사람이 1년에 한두 번만 필요한 건 아니잖아요. 학교라면 1년에 한 번 사람을 뽑는 것을 이해할 수 있죠. 그런데 기업은 학교가 아닌데, 왜 1년에 한 번 뽑느냐는 겁니다. 지금도 큰 회사는 1년에 한 번 수백 명씩 뽑잖아요? 그 수백 명을 교육·훈련을 시킨 다음에 너는 뭐하고 너는 뭐하고 하는 식으로 배치합니다. 뽑을 때에는 그 사

람이 무슨 일을 하게 될지 모르고 뽑아요. 참 특이한 방식
이에요.

이 방식은 일본의 고도 경제 성장기에 굳어진 채용 방
식입니다. 당시에는 경제 성장이 워낙 빨라서 구직난이
아니라 구인난이 심했습니다. 그래서 기업들이 앞다투어
대졸자들을 뽑았어요. 서로 경쟁적으로 일찍 뽑다 보니
나중에는 대학 4학년에 올라가자마자 취업할 회사를 정
하게 됩니다. '입도선매'라는 말이 있죠. 벼가 아직 논에
서 자라고 있는데 미리 거래해 버리는 식이에요. 한국도
고도 경제 성장기에 기업들이 대졸자들을 앞다투어 뽑으
면서, 일본 방식이 그대로 굳어집니다.

그런데 나중에 구인난이 구직난으로 바뀌거든요. 그
러면서 지원자들 중에 골라서 뽑는 것이 충분히 가능해
집니다. 여러분이 이런 채용 시스템에서 신입 사원을 선
발하는 채용 담당자라고 가정해 보세요. 누구를 뽑을지
충분히 고를 수 있다면, 어떤 사람을 뽑겠어요? 나중에
무슨 일을 할지 모르니 기왕이면 이것도 잘하는 사람, 저
것도 잘하는 사람, 영어도 잘하는 사람…… 왜냐면 나중

에 영어가 필요한 부서나 직무로 신입 사원이 배치되었는데 영어를 못 해서 버벅거리면 여러분이 욕먹을 것 아니에요? "왜 이런 사람 뽑았냐?" 하고 말이죠. 그러다 보니 이것저것 다 잘하는 올라운드 플레이어, '멀티 스펙' 인간을 선호하게 됩니다. 구인난이 벌어질 때에는 기업에서 입사 시험을 봐서 능력이 뒤처져 보이는 사람들을 걸러 내긴 했지만 '스펙'이 중요하진 않았지요. 그런데 구직난이 벌어져서 기업이 충분히 사람들을 골라 뽑을 수 있게 되면서 '스펙'을 골고루 갖춘 사람을 뽑게 된 거죠.

지금 우리나라 노동 시장이 일본보다 빨리 변하고 있습니다. 일본은 비정규직이 늘었다고는 하지만 대기업이나 중견 기업은 예전과 거의 동일한 채용 방식을 유지합니다. 일본이 여러모로 참 보수적인 나라예요. 하지만 우리나라는 서구식, 즉 미국이나 유럽 방식으로 진화하기 시작했어요.

서구의 기업들은 정기 채용을 별로 안 합니다. 대체로 수시 채용을 해요. 예를 들어 내가 기업에서 수십 명의 직원을 거느리고 있는 팀장이라고 해 보죠. 그러면 내가 주도해서 채용을 해요. 우리 팀의 인사 담당 직원과 상의해서 어떤 사람을 뽑겠다고 공지를 내고 채용을 합니다. 심지어 기업에 인사 부서가 따로 없는 경우도 있어요.

참고로 서구 선진국은 정부든 민간이든 우리나라에 비해서 권력이 많이 하향되어 있는 편입니다. 그건 학교 현장만 보아도 알 수 있어요. 혹시 우리나라 학교에 1년에 위에서 공문이 몇 건 내려오는지 아세요? 무려 1만 건이에요. 현장에 권한을 주고 '알아서 하게' 하는 게 아니라, 위에서 권력을 틀어쥐고 계속 감 놔라 배 놔라 합니다. 그런데 핀란드 학교의 교장에게 1년에 공문이 몇 건 오느냐고 물어보면 질문이 무슨 뜻인지 잘 못 알아들어요. 공문이 내려오기는 하는데 교장이 직접 처리해야 할 공문이 좀 오는 정도이고, 우리처럼 교사들에게 업무 분장을 해서 일사불란하게 나눠 맡겨야 하는 공문은 사실상 없다는 겁니다.

기업의 팀장 정도면 재정 운영권과 인사권의 상당한 부분을 가지는 것은 중요합니다. 그래야 리더십이 제대로 키워지고 검증되기 때문입니다. 우리나라 기업에서는 사장이 되어서야 인사를 처음 해 보는 경우가 많아요. 자기 밑에 누구를 쓸지를 사장이 되고 나서야 처음 정해 보는 사람들에게, 리더십이 얼마나 있겠어요? 요새 리더십 훈련이니 뭐니 많이 하는데, 리더십은 별도의 프로그램으로 길러지는 것이 아니라 무엇보다 권한을 아래쪽으로 많이 내려보내 주어야 이를 통해 훈련되고 검증되는 겁니다.

채용 이야기로 돌아가 봅시다. 이번 달에 우리 팀에서 사람을 뽑았는데, 다음 달이 되자 우리 회사의 다른 팀에서 공지를 내서 사람을 뽑습니다. 그다음 달이 되자 또 다른 팀에서 공지를 내서 사람을 뽑아요. 이런 경우는 아까와 뭐가 다르죠? '정기 채용 → 교육·훈련 후 배치'에서 '수시 채용 → 즉시 배치'로 바뀌는 겁니다. 여기서 결정적인 변화는, 뽑을 때 이 사람이 무슨 일을 할지 알고 뽑는다는 거예요.

자, 이런 수시 채용 시스템에서 여러분이 사람을 뽑는다고 해 보세요. 누구를 뽑게 되겠습니까? 당연히 '그 일을 제일 잘할 사람'을 뽑지요. 즉 '전문성'을 위주로 선발

합니다. 그런데 개인의 전문성을 잘 보여 주는 지표가 있어요. 바로 '경력'입니다. 지원자 중에 다른 회사에서 비슷한 일을 이미 해 본 사람이 있는 거죠. 그 사람이 평판이나 실적도 괜찮아 보여요. 그러면 여러분은 그 사람을 선발하게 되겠지요. 그러고는 말할 겁니다.

"내일부터 당장 업무를 시작하세요."

우리 채용 시장은
아직 과도기

문제는 우리나라가 지금 과도기라는 거예요. 과도기란 옛것이 아직 없어지지 않은 시기를 말합니다. 여전히 학벌과 '스펙'이 좋은 사람들 위주로 뽑는 회사들이 많이 있어요. 그런데 새것이 나타나기 시작한 거죠. 요새 취업 준비하는 젊은 분들을 만나 보면 이런 이야기를 합니다. 대학 다닐 때 '스펙'이 중요하다고 해서 열심히 준비했는데 어떤 회사에 지원해 보니 그 회사에서 이러더라는 거죠. "네 경력이 뭐냐?" 황당하지요. 학점 관리하고 토익

공부하고 자격증 따느라 시간을 다 보냈는데 경력이 뭐냐니……. 어느 쪽에 장단을 맞춰야 할지 헷갈리죠.

물론 이는 회사마다 차이가 있고 업종에 따라 크게 다르기도 합니다. 예를 들어 정기 채용을 거의 100% 고수하고 있는, 문화적으로 아주 보수적인 업종이 있습니다. 대표적인 업종이 아까 '관피아'가 지배한다고 했던 금융업입니다. 이 분야에서는 아직도 학벌의 영향력이 커서 '스카이' 출신을 선호해요. 전통적인 고용 형태를 변경할 생각이 없는 것 같아요. 그런데 이미 수시 채용 쪽으로 현저하게 기울어진 업종들도 있습니다. 대표적인 예가 소프트웨어 업계예요. 판교에 있는 유명한 소프트웨어, 게임 회사 들은 정기 채용이 있다 해도 얼마 안 뽑아요. 대부분 그때그때 수시로 채용합니다. 어떤 회사 홈페이지를 방문해서 '채용'을 클릭해 보면 '언제라도 이력서를 내라'고 되어 있는 회사도 많아요. 판교에 가 보면 고졸도 볼 수 있습니다. 무슨 일을 할지 알고 뽑기 때문에, 그 일을 잘하면 된다는 거죠. 출신 대학을 따질 이유가 상대적으로 적습니다.

　지금은 정기 채용과 수시 채용이 뒤섞여 있는 과도기인데, 앞으로 어느 쪽으로 변화할까요? 당연히 수시 채용 쪽입니다. 왜냐면 교육·훈련 비용이 절약되거든요. 기업 입장에서는 큰 인센티브입니다. 물론 이것이 바람직한 변화인지에 대해서는 논란이 있습니다. 기업에서 써먹을 기능을 기업 스스로 사원들에게 교육시켜야지, 그 의무를 왜 지원자나 대학에 떠넘기느냐며 비판하는 분들이 있어요. 이는 별도로 깊이 있게 들여다볼 만한 논란이어서 지금 여기서 다루지는 않겠습니다.

　하지만 한 가지 언급하고 싶은 점은, 자본주의 경쟁이 한 나라 안의 경쟁이기도 하지만 글로벌 경쟁이기도 하다는 거예요. 다른 나라 기업들은 교육·훈련 비용을 지불하지 않는데 우리나라 기업만 그런 비용을 지불한다면, 그만큼 글로벌 경쟁에서 불리하지요. 이는 다른 나라보다 우리나라의 법인세를 크게 올리면 기업의 투자 여력이 약화되고 그로 인해 글로벌 경쟁력이 떨어지는 것과 비슷합니다. 그러니까 정부가 교육에 투자해서 기업의 교육·훈련 비용을 덜어 주고, 그로 인해 기업의 소득이 늘어나면 정부가 그에 비례해서 세금을 더 거둬들이는, 이런 순환 구조가 좀 더 바람직한 대안이라고 보여요. 문제는 우리나라에서 기업은 교육·훈련 비용을 점점 기피하는데 정부가 그 비용을 거드는 변화는 별로 일어나지 않고 있다는 겁니다.

탈학벌의 원인 셋, 도련님·공주님의 출현

학벌과 '스펙'의 중요성이 낮아지는 세 번째 이유는 기업의 채용 담당자들을 만나 보면 알 수 있습니다. 제가 여태까지 우리나라 유명한 기업들의 채용 담당자들을 많이 만나 보았는데요, 이분들이 공통적으로 토로하는 것이 있어요.

"도련님, 공주님이 너무 늘고 있다!"

'스펙' 좋고 허우대 멀쩡해서 뽑았는데, 뽑고 나서 보니 인간성이 그냥 '도련님', '공주님'인 경우가 종종 있다는 거죠. 도련님, 공주님이란 수동적이고 자기만 알아서,

팀워크에 도움이 안 되는 사람들을 말해요. 심지어 사원을 어디로 발령 보내면 부모들이 전화한대요. "우리 애를 왜 거기로 보냈나요?" 하고요.

대학에서 학기 말에 성적에 대해 이의를 제기할 수 있는 기간이 있죠? 대학 교수들에 의하면 학생이 아닌 부모가 전화하거나 찾아오는 경우가 늘고 있다고 합니다. 법원의 부장 판사들도 이런 이야기를 해요. 자기 밑에 젊은 판사가 인사 배정되면 그 부모들이 찾아와서 "우리 아이 잘 부탁드립니다." 하며 인사하는 경우가 종종 있다고 해요. (이것이 심지어 한류의 구성 요소가 된 것 같아요. 한류 '막장' 드라마의 양대 소재가 '출생의 비밀'과 더불어 '부모의 간섭'이지요.)

혹시 '그런 현상이 뭐가 이상한가?' 하고 생각하는 사람이 있다면, 엄청난 세대 차의 증거라고 여길 수밖에 없겠네요. 지금 기성세대가 젊었던 시절에는 성인이 된 자녀의 사회생활에 부모가 나서서 간섭하는 건 보기 드문 일이었습니다. 요새는 어려서부터 부모의 간섭이 너무 일상화된 나머지, 성인이 되었을 때 인격의 독립성이나 자율적인 판단 능력은 좀 부족해지지 않나 하는 우려가 듭니다.

도련님, 공주님 들은 대개 '스펙'은 좋습니다. '스펙'만 보고 뽑으면 이들이 뽑히기 쉬워요. 따지고 보면 '스펙'이라는 것은 인격의 독립성이나 자율적 판단 능력을 보여 주기는 힘들어요. 오히려 남들이 하라는 대로 했을 때, 예를 들어 부모나 선배나 교수가 조언하는 대로 했을 때 더 좋은 '스펙'을 얻을 수 있어요. 그런데 사회생활을 하다 보면 어느 순간부터는 스스로 판단하고 행동하는 능력이 중요해집니다.

'팀워크'의 원천이 되는 협업 능력을 봐도 그렇습니다. 요즘 인턴을 통한 채용이 늘어나잖아요? 물론 우리나라에서는 인턴 제도가 노동 착취의 수단으로 악용되는 경우가 종종 있어서 이미지가 안 좋긴 하지요. 인턴에게 허드렛일만 시킨다든가, 그러고 나서는 정규직 채용을 거의 안 한다든가 해요. 하지만 '일하는 것을 보고 나서 뽑자'는 것이 꼭 불합리한 방식은 아니죠. 만일 여러분이 기업에서 인턴을 평가하는 업무를 담당하게 되었다면 어떤 점을 주로 보겠습니까? 두 가지, 즉 '업무 능력'과 '태도'를 볼 겁니다. 태도가 좋은 사람은 아마도 집에서 설거지도 하고 청소도 하는 사람일 거예요. 사람이 태어나서 처음으로 속하는 팀(team)이 가족이니까요. 하지만 요즘에는 그런 사람이 드물어요. 그런데 '이런 건 팀의 일원으로서 당연히 하는 것.'이라는 태도가 배어 있는 사람과, '이건 내가 할 일이 아닌데.'라는 생각으로 뒷짐 지는 태도가 배어 있는 사람은 겪어 보면 대번에 차이가 나거든요. '이건 내가 할 일이 아닌데.'라는 생각으로 일관하는 사람들이 바로 도련님, 공주님이지요.

도련님, 공주님의 대량 출현 외에 채용 담당자들로 하여금 좀 더 큰 고민에 빠지게 하는 것이 또 있습니다. 바로 신입 사원들의 이직률이 높다는 거예요. 우리나라는 이직률이 아주 높은 매우 특이한 나라인데요, 신입 사원이 회사에 들어가서 1년 안에 그만두는 비율이 무려 25%입니다. 4분의 1이 단 1년도 안 다니는 거죠.

그건 전체 평균이니까 그렇지, 사람들이 좋아하는 대기업 정규직으로 들어가면 잘 다닐 것 아니냐는 반론이 있을 겁니다. 그런데 대기업 정규직으로 한정해도 입사 후 1년 안에 그만두는 비율이 15%나 됩니다. 평균적으로 1년 안에 15%가 그만둔다는 것은, 어떤 회사는 2, 3년 지나면 20~30%가 그만두기도 한다는 뜻입니다. 이는 우리와 경제력이 비슷한 나라들에서는 유례를 찾아보기 힘들 정도로 높은 비율이에요.

왜 이렇게 이직률이 높은지에 대해서는 두 가지 해석이 있습니다. 첫 번째 해석은 기업에 지원할 때 어디든 합격하면 된다는 식으로 소나기처럼 여기저기 마구 원서를 내다 보니 막상 합격했을 때 적성에 안 맞는 경우가 많다는 겁니다. 두 번째 해석은 아직 우리나라 직장 문화가 너무 억압적이고 이른바 '꼰대'들도 많아서 젊은 세대의 문화와 맞지 않아서 그렇다는 거예요. '상사가 퇴근을 안 했는데 어떻게 퇴근할 생각을 해?' 하는 것이 아직 우리나라 사무직의 지배적인 분위기거든요.

제가 보기엔 두 가지 해석 모두 맞아요. 적성 문제도 있고, 문화 충돌도 있습니다. 그런데 이유야 무엇이든 간에 회사 입장에서 보면 이직률이 높다는 건 상당한 손실이에요. 회사에 잘 붙어 있을 만한 사람들을 뽑아야 해요.

신입 사원이 금방 그만둬 버리면 손해가 크니 사장이 화가 날 것 아니에요? 인사과의 채용 담당자들을 닦달하겠지요. 왜 이런 사람들을 뽑았느냐고요. 그래서 채용 담당자들을 만나 보면, 이분들은 이미 분석을 다 해 놓았어요. 자기들이 통계를 내 보면 이직률이 확연하게 높은 집단이 둘 있다는 겁니다. 하나는 명문대 출신, 또 하나는 '강남' 출신이래요. 채용 담당자들뿐만 아니라 취업 컨설턴트들도 똑같은 이야기를 해요.

이직률이 높으니 기업 입장에서는 뭔가 새로운 채용 방식을 모색하게 되지요. 그 와중에 좀 파격적인 방식도 나타납니다. '열린 채용'(입사 지원 자격에 학력 제한을 두지 않는 방식)이라고 들어 보셨어요? '스펙 파괴 채용'도 있고요. 또 '블라인드 채용'(입사 지원서에 출신 지역이나 학력 등을 적지 않게 하여 선입견을 배제하고 인재를 선발하는 방식)이 있지요. 공기업의 경우 정부의 영향력이 크니까 정부가 블라인드 채용을 하라고 하면 그대로 할 수밖에 없을 겁니다. 하지만 공기업도 아닌 일반 민간 기업에서 채용 방식을 바꿔 보려고 시도하게 된 가장 중요한 계기는 정부의 영향력이 아니에요. 담당자들을 만나 보면 이분들을 고민하게 만드는 가장 직접적인 요인은 높은 이직률입니다.

제가 학벌과 스펙의 중요성이 낮아진 이유를 세 가지 측면에서 설명했습니다. 첫째는 경제 구조의 변화, 즉 정부의 영향력이 줄어들면서 학연과 같은 '연고'의 중요성이 낮아진 것. 둘째는 고용 형태의 변화, 즉 정기 채용해서 교육·훈련 후 배치하는 모델에서 수시 채용해서 즉시 배치하는 모델로의 변화. 셋째는 기존 채용 방식의 결점으로 간주되는 기술적인 문제들, 즉 도련님·공주님의 증가라든가 이직률이 높다는 점 등. 이 세 가지는 서로 상당히 다른 차원의 문제인데, 동시에 변화하고 있습니다. 그래서 전체적으로 보면 학벌과 '스펙'의 가치가 예전에 비해 낮아졌다는 느낌이 들죠.

여기서 "요새는 서울대 다니는 학생들도 취업 걱정한다면서?"라는 말의 의미를 잘 생각해 볼 필요가 있습니다. 서울대생도 취업 걱정을 한다는 것이 취업난의 심각함을 보여 주는 증거로 종종 언급되는데, 이건 너무 거친 논리입니다. 지금 서울대 정원이 고졸자의 0.5%밖에 안 되거든요. 제아무리 취업이 힘들어지고 좋은 일자리가 적어졌다 할지라도, 그 때문에 대학에 진학할 때 상위 0.5%에 해당하던 사람들이 취업 걱정을 하게 된다는 게 말이 되나요? 이건 취업난의 증거라기보다는 노동 시장의 성격이 변화한 탓이라고 보는 것이 정확합니다. 즉 한편에서는 명문대라는 간판의 가치와 후광 효과가 하락하고, 다른 한편에서는 '전문성'으로 대표되는 개인의 내재적 가치를 요구받게 되는 것, 이것이 서울대생이 취업 걱정을 하게 되는 이유라고 볼 수 있겠지요. 그리고 정도의 차이는 있겠지만 이런 걱정은 서울대생뿐만 아니라 모든 대학생이 공유하는 고민입니다.

'스펙'에서
전문성으로

앞서 정기 채용에서 수시 채용으로 변화하는 와중에, 채용 시 평가 기준이 '스펙'에서 전문성으로 이동한다는 이야기를 했어요. 여기서 전문성이란 무엇인지, 어떻게 확보할 수 있을지를 한번 따져 보지요.

이과, 특히 이공계는 전문성을 이야기하기가 비교적 수월한 편이에요. 전공이 곧 전문성이라고 생각하면 되는 경우가 많거든요. 예를 들어 컴퓨터 공학을 전공할 경우, 이것을 열심히 배우면 사회에서 꽤 전문성을 인정해 줍니다. 건축을 전공할 경우 이 역시 열심히 배우면 사회에서 전문성을 인정해 줘요.

문제는 문과죠. 요새 문과에서 취업이 제일 잘된다는 전공이 경영이잖아요? 그런데 경영을 열심히 전공해도, 졸업하고 나면 사회에서 그다지 전문성을 인정해 주지 않습니다. 경영학을 배워 보면 분명히 상당히 가치 있을 뿐만 아니라 실용적인 내용이 많다고 느껴지는데도 그래요. 이는 우리나라만의 현상이 아니라 전 세계적 추세에 가깝습니다. 문과 쪽에서 학부 수준으로 어지간한 전공을 해 봤자 사회에서 그다지 전문성을 인정해 주지 않아요. 이건 아이티(IT) 혁명으로 인해 사무직에서 사용하는 기술의 교체 주기가 짧아진 것과 연관이 있는데, 인공 지능 때문에 앞으로 이러한 추세가 좀 더 심화될 것으로 보입니다.

그래서 문과는 전공 이외에 플러스알파가 필요합니다. 이것을 '부전공'이라고 생각해 보지요. 꼭 대학에서 공식적으로 이수하는 부전공일 필요는 없습니다. 내가 '좋아하는 것, 잘하는 것, 하고 싶은 것' 중에서 산업적 배경을 가진 것을 생각해 보면 오늘 당장 부전공을 정할 수도 있어요. 그럼 이 부전공을 어떻게 만들까요?

예를 들어 내가 먹는 걸 좋아한다고 해 보죠. 먹는다는 게 광범위한 산업적 배경을 가지고 있잖아요? 식품 산업, 외식 산업, 농업, 수산업 등등. 일단 내일부터 좀 더 전문적으로 먹어 보기로 하지요. 이번 달은 한식, 다음 달은 중식…… 이렇게 먹어 보고, 공부가 필요할 테니 유명한 음식 전문가들이 쓴 책들부터 찾아 읽어 보세요. 또 식재료로 쓰이는 농산물, 수산물이 어디에서 어떤 식으로 생산되고 어떻게 유통되는지도 알아야겠지요. 가공이나 조리 과정을 이해하려면 화학이나 생물학 지식이 필요하니 이것도 배워야죠. 만약 패스트푸드점에서 알바를 할 기회가 생긴다면, 조리나 청소나 계산도 좋지만 '재고 관리'를 한번 해 보면 좋아요. 물론 재고 관리는 중요한 업무이기 때문에 '초짜' 알바한테 맡기지 않겠지만 기회를 봐서 이런 경험을 해 보면, 사업에서 재고 관리가 왜 중요한지 알 수 있고 물류의 구조에 대해서도 알 수 있을 거예요. 이런 경력을 가진 사람이 나중에 식품 산업이나 외식 산업에 도전한다면 상당히 유리할 겁니다.

내가 문과지만 자동차를 좋아한다? 그렇다면 우리 동네 카센터 사장님을 사귀는 데에서 시작해 볼 수 있어요. 자동차는 공장에서 생산하지만 종종 고장이 나는 기계니까요. 만일 부동산에 관심이 있으면 꾸준히 지역별 부동산 탐방을 해 보시고 공인 중개사 자격증도 고려해 보세요.

희소성이 있는 것에 도전해 보는 것도 좋은 일입니다. 예전에는 중국어 배우는 사람들이 드물었어요. 그런데 이후 중국어 수요가 늘어나면서 이런 희소한 능력을 가진 사람들이 각광받았죠. 지금도 중국어를 아주 유창하게 하는 사람은 부족하다고 합니다. 중국 다음으로 뜨는 나라가 베트남이잖아요? 베트남이 뜨는 이유를 생각해 보세요. 베트남은 동남아시아에서 정치와 치안이 모두 안정된 드문 나라고, 교육 수준도 높은 편입니다. 그리고 인구가 9000만 명이 넘어요. 베트남어를 배워 두면 나중에 쓸모가 있을 겁니다.

그다음 순서는 말레이시아일 가능성이 있는데요, 말

레이어와 인도네시아어는 서로 비슷해서 한꺼번에 배우는 경우가 많은데 말레이시아 인구와 인도네시아 인구를 더하면 2억 5000만 명이 넘어요. 얼마 전에 제가 봉사 활동으로 상담을 한 적 있는 고3 학생이 대학에 합격했는데, 이란어 전공을 택했다는 거예요. 제가 그 학생보고 참 잘했다고 했습니다. 희소성 있는 능력에 도전해 보는 건 좋은 일이에요. 보통 사람들은 이란이 얼마나 잠재력을 가진 나라인지 상상도 안 해 보는데, 이 학생은 기꺼이 스스로 희소성을 만들어 가고 있잖아요?

여기서 우리가 세계화(globalization)라는 현상에 대해 생각해 볼 필요가 있습니다. 전문가들은 세계화란 '자본이 국경을 넘어 쉽게 이동하게 된 현상'이라고 말합니다. 여러분은 자본의 입장인가요, 아니면 노동의 입장인가요? 아마 대부분 노동의 입장이겠지요. 세계화에 대한 노동 측의 가장 즉각적인 대응 방식은 무엇이겠습니까? 바로 '나도 이동하는 것'입니다. 자본만 이동하란 법이 있나요? 노동도 이동하면 되지요. 그런데 노동의 이동을 가로막는 장벽이 두 개 있어요. 하나는 '국적'인데, 이건 우회하는 방법이 여러 가지 있습니다. 주재원으로 가는 방법, 상대 국가의 기업에 입사하는 방법, 심지어 아예 이민을 가는 경우 등등. 두 번째 장벽은 '언어'인데, 이것은 우회할 방법이 없어요. 그러니까 언어란 곧 세계화라는 현실 앞에서 노동 측이 참여할 수 있는, 노동 시장의 폭을 넓힐 수 있는 수단이라고 할 수 있습니다.

더구나 우리나라는 경제의 '대외 의존도'가 상당히 높기 때문에 외국과의 관계가 중요합니다. 경제의 대외 의존도는 지디피(GDP) 대비 '수출 총액＋수입 총액'의 비율인데, 일본은 이것이 30%밖에 안 되는 반면 우리나라는 한때 100%가 넘기도 했고 지금도 85% 정도 됩니다. 경제 구조가 이러하니 영어를 포함한 외국어 구사 능력이 필요한 업무가 비교적 큰 비중을 차지할 수밖에 없지요.

제가 학부모 대상 강연을 하게 되면 요즘 효자·효녀의 기준이 바뀌었다고 말합니다. 누가 효자·효녀일까요? '하고 싶은 게 있는 사람'이 효자·효녀라고 합니다. 그런데 이과와 문과를 구분해서 살펴보면 '적성'은 이과보다 문과에서 더 중요성이 더 큰 것 같아요. 문과 쪽 전공자들

은 적성에 맞는 부전공을 찾아보거나 희소성이 있는 능
력에 도전하는 것을 진지하게 생각해 보세요.

'전문성'에 대한
평가

앞에서 고용 형태의 변화를 이야기하면서 '스펙'에서
전문성으로 무게 중심이 이동하고 있다고 말했습니다.
그런데 '스펙'은 비교적 정량적으로 평가하기 쉬운 반면,
전문성은 그렇게 평가하기 어려운 면이 크지요. 전문성
을 평가하게 됨에 따라 채용 과정에 상당한 변화가 나타
나는데요, 크게 세 가지 변화가 눈에 띕니다.

첫 번째, 경력직 채용이 증가한다는 겁니다. 아까도
말했지만 경력은 전문성을 보여 주는 좋은 지표이기 때
문에, 전문성을 기준으로 채용하게 되면 자연히 경력직
채용이 늘어나게 됩니다. '신입 채용이 줄고 경력직 채용
이 늘어난다'는 내용은 2000년대 후반부터 줄곧 언론 기
사에 제목으로 등장하고 있는데요, 이제는 여러 회사를

거치면서 경력을 만들어 가는(career building) 일이 점차 보편화되고 있습니다.

두 번째, 동료들을 포함해 함께 일해 본 사람들의 평가가 중요해집니다. 사실 전문성은 정량화되기 어려운 요소가 많기 때문에 누가 어떤 입장에서 평가하는지에 따라 상당히 달라질 수 있는데요, 함께 일했던 사람들의 평가에는 신뢰성이 있는 것 같습니다. 혹시 「악마는 프라다를 입는다」라는 영화를 보셨나요? 이 영화의 마지막 부분에 보면 주인공이 다니던 회사를 때려치우고 새로운 회사에 입사하려고 면접을 봅니다. 말하자면 '경력직 채용 면접'이지요. 그런데 면접관이 갑자기 종이를 한 장 꺼내 드는데, 바로 예전에 이 주인공의 상사였던 패션업계의 거물이 쓴 편지예요. 자기에 대해 악담을 썼을까 봐 긴장했는데 뜻밖에도 "가장 훌륭한 사람이었다."라고 적혀 있었고 그 덕분에 주인공은 입사에 성공합니다. 여러분도 경력직 채용 면접관의 입장이라고 가정해 보세요. 어떤 사람을 채용할지 말지 결정해야 하는데 '내가 이 사람과 몇 년 일해 봤는데 이 사람이 어떤 사람이더라'라는 자료가 있다면, 이를 능가할 자료는 이 세상에 거의 없을 겁니다. 그래서 요새 우리나라 헤드헌터들도 개개인에 대한 평판 자료를 점점 많이 모으고 있어요.

세 번째, 면접을 여러 번 보는 방식으로 바뀌게 됩니다. 전문성은 정성 평가를 해야 하는데 그 사람의 능력과 특성을 한 번에 알아보기 어렵거든요. 그래서 다각도로 여러 번 면접을 보는 것이 세계적인 유행이에요. 구글은 적어도 다섯 번 이상 면접을 보는 것이 회사 규칙입니다. 우리나라 기업도 최근에 여러 번 면접을 보는 추세로 바뀌고 있어요.

시험 점수로 평가하는 게 제일 간단하고 공정한데 왜 이렇게 복잡한 평가를 하는지 의문을 가진 분들이 있을 겁니다. 전 세계 대부분의 나라가 대입 선발에서는 내신 성적이나 입시 성적과 같은 정량 평가를 위주로 합니다. 입학 사정관제의 원조인 미국을 제외하면 말이죠. 교육에서는 '기회 균등'이라는 공공적 가치가 중요하기 때문이에요. 그런데 경제, 특히 민간 경제의 영역에서는 기회 균등이라는 공공적 가치보다 기업의 자율적 가치 판단이 우위에 놓이게 됩니다. 그리고 기업 입장에서 채용을 위해 사람들의 전문성을 평가하다 보면, 정량 평가로는 한계가 뚜렷하니 정성 평가를 동원하게 되는 겁니다. 굳이 채용이 아니라 대학원 입시만 봐도 전 세계적으로 정량 평가 못지않게 정성 평가가 중요한 비중을 차지하지요.

양극화와

4

임박한
파국

임금 격차는
왜 생겼을까?

지금까지 학벌과 '스펙'의 가치가 하락하는 이유를 설명하면서 정기 채용에서 수시 채용으로, '스펙'에서 전문성으로 무게 중심이 이동하는 현상을 소개했습니다. 이런 변화가 얼마나 빠르게 이루어질지, 즉 변화의 '속도'는 저도 예측하기 어려워요. 하지만 적어도 변화의 '방향'은 명확합니다. 그리고 이러한 변화에 여러분이 어떻게 대응하면 될지에 대해 여러 가지 팁을 말씀드렸습니다.

그런데 이러한 변화는 우리 사회 전체, 특히 청년층을

휩싸고 있는 불안감의 핵심을 설명하지는 못합니다. 이를 이야기하려면 더 거시적인 사회의 변화를 살펴보아야 합니다. 이것은 흔히 '양극화'라는 말로 일컬어지는 현상이에요.

1990년대 이전, 우리나라에서 대기업과 중소기업의 고용 비율은 대략 40 : 60 선이었습니다. 그런데 대기업 고용은 지난 30~40년간 별로 늘지 않은 반면 중소기업 고용은 꾸준히 늘었어요. 지금은 대기업과 중소기업의 고용 비율이 20 : 80 정도 됩니다. 대기업의 평균 임금을 100이라 할 때 중소기업 평균 임금은 얼마나 될까요? 놀랍게도 1980년대까지는 90이 넘었어요. 즉 지금부터 한 세대 전에는 어느 회사에 다니는지에 따른 월급 차이가 크지 않았던 겁니다. 그런데 1990년대 이후 중소기업 평균 임금이 상대적으로 계속 하락해서 지금은 60 남짓이고, 제조업으로 한정하면 50 남짓밖에 안 됩니다.

구체적인 예를 들어 볼까요? 현대·기아차 노동자들의 평균 연봉은 9,700만 원입니다. 물론 정규 노동 시간만이 아니라 초과 근로에 대한 보수가 포함된 것이긴 하지만 어쨌든 높은 연봉이지요. 그런데 1차 하청 업체(협력 업체)로 가면 연봉이 갑자기 4,800만 원으로 떨어지고, 2차 하청 업체는 2,800만 원, 사내 하청은 2,200만 원으로 떨어집니다. 이는 한국노동연구원의 조사 결과인데, 『조선비즈』에서 조사한 결과도 비슷합니다. 현대자동차 노동자들의 평균 연봉은 9,400만 원인데, 1차 하청 업체는 5,700만 원, 2차 하청 업체는 3,400만 원, 3차 하청 업체는 2,300만 원이에요. 엄청난 격차지요. 그렇다면 3차 하청 업체 노동자에 비해 현대자동차 노동자가 4배 더 어렵거나 기술이 필요한 일을 하는 걸까요? 물론 그렇지 않고, 오히려 반대인 경우가 많아요. 예를 들어 조선업계를 보면 임금을 덜 받는 비정규직 하청 노동자들이 상대적으로 더 어렵고 위험한 일에 배치됩니다. 그래서 산업 재해 사망자들이 주로 이들이에요.

다른 선진국에도 이런 격차가 있긴 한데 우리보다 작습니다. 그렇다면 우리나라의 임금 양극화, 즉 노동자 집단 내의 임금 격차가 큰 이유는 뭘까요?

임금 격차의 원인 하나,
'갑질'

임금 격차가 큰 첫 번째 이유는 우리나라에서는 원청 업체가 하청 업체에 '갑질'을 할 수 있기 때문입니다. '기술 탈취'라는 아주 악질적인 '갑질'도 있고, 좀 더 널리 퍼져 있는 '단가 후려치기'라는 '갑질'도 있습니다. 중소기업은 숨만 붙어 있을 수 있는 수준으로 납품 단가를 낮추는 거지요. 단가 후려치기가 얼마나 심한지를 간접적으로 보여 주는 통계가 몇 가지 있습니다. 독일 폭스바겐사의 경우 재료 구입비가 총 매출의 70%인 반면 현대자동차의 재료 구입비는 총 매출의 60%입니다. 하청 업체로 지불되는 돈이 그만큼 적다는 거죠. 또 1999년부터 2013년까지 삼성전자, LG전자, 현대자동차에 납품하는 하청 업체들의 영업 이익률을 조사한 통계가 있습니다. 그런데 10여 년 동안 영업 이익률이 한 번도 올라간 적이 없고 계속 떨어지기만 해요. 삼성전자 하청 업체들의 영업 이익률은 10%에서 4%로, LG전자 하청 업체들은 8%에서 4%

로, 현대·기아차 하청 업체들은 6%에서 3%로 떨어졌습니다.(2014년 산업연구원 조사 결과)

단가 후려치기의 결과는 누가 챙겼을까요? 하청 업체들이 가져갔어야 마땅한 몫이 원청 업체로 빨려 갔을 것이고, 그것이 원청 업체의 기업 소득(영업 이익), 임금, 주식 보유자들에게 주어지는 배당금 등으로 나누어졌겠지요. (참고로 영업 이익률이 예외적으로 높은 하청 업체들이 있어요. 바로 재벌가의 자손이 대주주로 있는 업체들입니다. 편법 상속의 일환이지요.)

만일 미국에서 미국 기업이 하청 업체에 '갑질'을 하면 무슨 일이 벌어질까요? 원청 업체가 큰 곤욕을 치릅니다. 이른바 '징벌적 손해 배상금제' 때문이지요. 이건 쉽게 말하면 '괘씸죄'로, 1의 손해를 입혔는데 100을 배상하라는 식입니다. 이런 판결이 나면 원청 업체가 큰 손실을 입거나 심지어 망할 수도 있어요. 선진국에서 '갑질'이 우리보다 적은 것은 그들이 애초에 도덕적으로 우수해서가 아니라, '갑질'을 했다간 정말 큰 고초를 치르게 될 수 있기 때문입니다.

선진국에서는 전반적으로 기업의 부정에 대한 징벌이 우리보다 훨씬 강해요. 예전에 '엔론'이라는 미국 굴지의 에너지 기업이 대규모 회계 부정을 저지르다가 적발된 적이 있는데, 이를 주도한 경영자가 징역 20년이 넘는 형을 받았습니다. 우리나라는 기업 총수가 어마어마한 부정을 저질러도 집행 유예로 풀려나거나 기껏해야 1~2년 감옥에 있다가 대통령에 의해 사면되는 것과 비교해 보면 엄청난 차이지요.

우리나라도 몇 년 전에 징벌적 손해 배상금제를 도입하기는 했는데 적용 범위가 좁을 뿐만 아니라 배상액 상한이 겨우 손실액의 3배에 불과해요. 하청 업체 입장에서는 원청 업체를 고소하는 순간 거래 관계가 끊겨서 큰 타격을 입을 것 아니에요? 그러니 겨우 3배를 배상받자고 고소하기는 어렵지요. 그래서 이 제도를 이용해 원청 업체를 고소한 하청 업체가 여태 한 곳밖에 없습니다. 참고로 문재인 정부에서 이것을 10배로 높이려고 하고 있어요. 제가 보기에는 10배가 아니라 100배 정도로 올려야 하지 않을까 싶습니다.

임금 격차의 원인 둘,
파편화된 노동 운동

우리나라의 임금 격차가 큰 두 번째 이유는 노동 측의 대응이 파편화되어 이루어지기 때문이에요. 독일, 스웨덴, 프랑스 같은 유럽의 많은 나라는 노동자가 어느 회사에 고용되었는지에 상관없이 산업별로 하는 교섭, 이른바 '산별 교섭'을 합니다. 예를 들어 자동차 분야라면 자동차업계가 통째로 모여서 임금 교섭을 하죠. 우리 눈에는 좀 이상한 제도처럼 보입니다. 우리에게는 '기업별 교섭', 즉 소속된 기업별로 각자 임금 교섭을 하는 것이 상식이거든요. 그런데 소속 회사가 서로 다른 노동자들인데 임금 교섭을 함께한다? 이런 제도는 어느 회사를 다니든 모두가 같은 '계급'이라는 인식이 있어야 성립할 수 있습니다.

계급이라는 말을 어렵게 생각하지 마세요. 영어로 된 역사책을 보면 수없이 튀어나오는 말입니다. 우리 헌법에서는 아예 계급을 부정하고 있는데,(대한민국 헌법 제11조 제2항. 사회적 특수계급의 제도는 인정되지 아니하며, 어떠한 형태로도 이를 창설할 수 없다.) 이건 계급을 '세습되는 신분'이라고 정의해서 그런 거죠. 이런 의미라면 한국에 계급은 없습니다. 하지만 서양에서 계급이란 신분보다 느슨한 의미를 가진, 그야말로 '클래스'를 의미해요. 특히 노동 계급(working class)이란 '우리는 서로 다른 회사에 근무하고 있지만, 같은 클래스'라는 피고용자들의 동류의식에서 출발하는 개념입니다. 심지어 실업자도 같은 클래스로 봐요. 어딘가에 고용되어 일을 함으로써 생활을 영위해야 한다는 면에서 실업자도 같은 처지라는 거지요.

임금 교섭이 소속 기업별로 이루어지는 '기업별 교섭'과, 산업 단위로 이루어지는 '산별 교섭'은 그 작동 방식이 상당히 다를 수밖에 없습니다. 산별 교섭에 나서는 노조 대표는 이미 한 회사 노동자들의 대변인이 아니라 훨씬 큰 집단의 대표거든요. 자연히 '하후상박', 즉 임금이 낮은 기업의 임금은 많이 인상하고 임금이 높은 기업의 임금은 조금 인상할 것을 주장하게 됩니다. 물론 개인의 기능이나 경력에 따른 임금 격차는 인정하지만, 기능이나 경력이 비슷하다면 서로 다른 기업에 소속되어 있어도 임금이 비슷해야 한다는 거죠. 노동 측에서 이렇게 대응하게 되면 기업 간 임금 격차는 자연히 감소하게 됩니다.

우리나라에도 금속 노조 같은 '산별 노조'들은 존재합니다. 하지만 '산별 교섭'은 불가능해요. 경영진 측이 응해 주지 않거든요. 일본도 우리처럼 기업별 교섭만 가능한 나라인데, 그래서 일본의 노동 운동은 기업별로 임금 교섭을 하기 전에 노조 지도자들이 임금 협상 전략을 공유해서 산별 교섭과 비슷한 효과를 냈습니다. 한마디로 미리 짜는 거죠. 정말 대단한 계급 의식이에요. 최근 일본 노동 운동이 약화되면서 예전 같은 효과는 내지 못하게 되었습니다만.

여기서 '동일 노동 동일 임금'이라는 개념의 의미를 새겨 볼 필요가 있습니다. 이 개념에 대한 시장주의적 해석과 사민주의(사회 민주주의)적 해석은 사뭇 달라요. 시장주의자들은 서로 같은 일을 하는데 다른 임금을 받는 것은 일종의 시장 교란이고, 시장의 투명성과 효율성을 저해하는 일이라고 여깁니다. 반면 사민주의자들은 이를 노동 계급의 연대(solidarity)를 약화시키는 일이라고 여깁니다. 똑같은 일을 하는데 임금 차이가 난다는 것은 누군가 저임금을 감수하고 그 일을 하고 있다는 증거, 즉 노동자들이 임금 경쟁을 하고 있다는 증거죠. 이런 맥락에서 사민주의자들에게 동일 노동 동일 임금은 노동 계급의식, 즉 '우리는 같은 클래스니까 우리끼리 경쟁하지 말자'는 정신을 반영하는 겁니다.

정리해 보면, 우리나라의 임금 격차가 심한 것은 일차적으로는 경제 민주화의 미비로 인해 중소기업들에 대한 '갑질'이 횡행해서 이들의 성장과 생산성 향상이 저해되고 임금이 정체된 탓입니다. 그리고 부차적으로는 노동 운동이 '노동자 운동'에 그칠 뿐, '노동 계급 운동'의 수준에 오르지 못해서 기업 간 임금 격차를 방치해 왔기 때문입니다. 임금 격차는 이 두 가지 요인이 복합적으로 작용한 탓이라고 볼 수 있습니다.

비정규직과
미래가 없는 노동

다음 표는 국가별로 비정규직에서 정규직으로 전환되는 비율을 나타낸 겁니다. 오이시디(OECD) 회원 35개국 가운데 해당 통계가 있는 16개국의 수치를 비교한 거죠. 이 표에서 엷은 색 기둥은 비정규직으로 근무하다가 1년 안에 정규직으로 전환되는 비율을 나타낸 것인데, 오이시디 평균이 35%입니다. 즉 비정규직으로 일을 시작했을 때 1년 내로 비정규직의 35%가 정규직으로 전환되는 겁니다. 그런데 우리나라는 1년 내 전환 비율이 11%밖에 안 돼요. 꼴찌입니다. 짙은

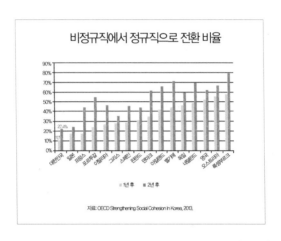

비정규직에서 정규직으로 전환 비율

자료: OECD Strengthening Social Cohesion in Korea, 2013.

색 기둥은 비정규직으로 근무하다가 3년 안에 정규직으로 전환되는 비율인데 평균 53%입니다. 즉 오이시디 평균적으로 비정규직으로 근무한 지 3년 안에 절반 정도는 정규직으로 전환된다는 겁니다. 그런데 우리나라는 그 비율이 22%밖에 안 됩니다. 역시 꼴찌예요.

이런 상황에서 취업을 준비하는 개인에게는 두 가지 선택지가 있어요. 첫 번째 전략은 중소기업, 비정규직에라도 일단 취업을 한 뒤, 차츰 경력과 기술을 익혀서 나중에 승진하거나 경력직 채용에 도전하는 등의 길을 모색하는 겁니다. 두 번째 전략은 실낱같은 희망이라도 안고, 대기업 정규직에 취업하거나 공무원 시험에 합격할 때까지 재수, 삼수를 무릅쓰는 거지요. 여러분이 보기에 어느 쪽이 좋은 전략인가요?

첫 번째도 나쁜 전략은 아니죠. 일단 눈높이를 낮춰 취업한 뒤에 미래를 기약하는 것은 충분히 합리적인 선택지가 될 수 있어요. 문제는 정규직 전환율이 너무 낮다는 거죠. 잘못하면 평생 비정규직에 갇힐 수 있다는 공포감이 엄습합니다. 그러니 두 번째 전략으로 쏠리게 됩니다. 요새 청년들이 공무원이나 대기업 정규직으로 쏠리는 현상에 대해 '배가 불러서 그렇다'면서 비판하는 분들이 있던데, 그런 분들도 만일 이런 양자택일 상황에서 선택하라고 하면 두 번째로 쏠릴걸요. 여러분은 이 통계 수치를 꼭 기억하고 있다가 "배가 불러서……." 운운하는 분이 있으면 바로 반박하세요.

우리나라의 평균 근속 연수는 5.6년으로 오이시디에서 가장 짧아요. 기업에 채용되면 평균 5.6년 만에 그만두게 된다는 건데, 근속 연수가 짧다는 건 곧 미래를 설계하기 어렵다는 것과 같습니다. 그러니까 다들 결혼도 안 하고 집도 안 사고 자녀도 안 낳게 되는 것 아니겠어요? 그래서 우리나라는 출산율이 세계에서 꼴찌인 나라가 되었어요.

그 밖의 여러 가지 통계는 우리나라에서 양극화의 심각성을 보여 줍니다. 우리나라는 오이시디 회원국 가운데 비정규직 비율이 네 번째로 높은 나라이고, 소득 불평등도(하위 10% 대비 상위 10%의 임금 비율)는 세 번째로 높은 나라이며, 저임금 노동자 비율(중앙값의 3분의 2 이하 임금 소득자 비율)은 미국과 1, 2위를 다투는 나라입니다.

'헬 조선'의
증거

지금까지는 임금, 즉 노동자의 근로 소득이 양극화되는 현상에 대해 주로 이야기했습니다. 그런데 이보다 거시적인 차원의 양극화가 두 가지 있어요.

우선 임금과 이윤의 분배 비율, 즉 '가계 소득'과 '기업 소득'의 비율을 살펴볼 필요가 있습니다. 최근 20년간 우리나라 전체적으로 보면 기업에서 이윤 몫이 늘고 임금 몫이 줄어 왔어요. 이 현상은 일부 유럽 국가들을 제외하고는 전 세계적으로 나타나는데요, 왜 이런 일이 벌어지는지에 대해서는 전문가들 사이에서도 의견이 분분하지만 노동자들의 단결과 교섭 능력이 약화된 것이 주요한 원인이라는 데에는 대체로 동의가 이루어집니다. 노조가 깊이 뿌리 내린 스웨덴, 독일 같은 나라에서는 이런 현상이 없거든요. 2015년 미국 대통령이던 오바마가 "노조에 가입하라."라는 유명한 연설을 한 배경이 바로 이때문입니다. 정부가 일일이 개입해서 뭘 해 주는 데에는 한계가 있으니 스스로 노조에 가입해서 교섭 능력과 임금 수준을 높이라는 거죠. 참고로 미국의 노조 가입률은 한국과 비슷합니다. 10% 남짓밖에 안 돼요.

마지막으로 '자산 양극화'를 언급하지 않을 수 없어요. 우리나라는 자산 중에 금융 자산 비율이 낮고 부동산 자산 비율이 높은 특이한 나라인데요, 이 부동산 자산이 소수 집단으로 편중되는 현상이 점점 심해지고 있어요. 그러다 보니 요새 '조물주 위에 건물주'라는 말도 생겼지요.

이건 심각한 위험 신호라고 생각합니다. 우리나라는 1960년 기준 전 세계에서 부동산(토지)이 가장 골고루 분배되어 있던 나라거든요. 중국의 마오쩌둥이 농촌의 소작농들을 중심으로 공산주의 혁명에 성공해 중화인민공화국을 설립한 것이 1949년입니다. 그리고 미국은 공산주의가 확산되는 것을 막기 위해서 한국·일본·대만 정부에 강력한 농지 개혁(토지 개혁)을 주문합니다. 그래서 마련된 한국의 농지 개혁안이 얼마나 엄청난 수준이었냐면, 소작농이 경작하던 토지에서 소출의 30%를 5년간 지주에게 주면 그 땅이 자기 땅이 되는 것이었어요. 지금으로 치면 식당을 운영하는 자영업자가 매출의 30%를 5년간 건물주에게 주면 그 건물이 자기 것이 되는 셈이니 얼마나 대단한 일인가요? 당시 우리나라의 주력 산업은 농업이었고 가장 중요한 자산은 농지였는데, 이것이 혁명적으로 평등해진 겁니다.

이게 한국 현대사의 결정적인 갈림길이었어요. 김일성은 전쟁을 일으켜서 서울 정도만 점령하면 남한 전역에서 중국처럼 인민 봉기가 일어나서 손쉽게 통일을 이

룰 수 있다고 기대했을 거예요. 그런데 6·25 전쟁이 일어나기 불과 몇 달 전에 우리나라 농민(소작농)들은 '저 땅이 5년 뒤에 내 땅이 될 것'임을 알게 되었고, 그로 인해 봉기를 할 동기가 확 꺾였죠. 농지 개혁은 전쟁의 혼란으로 인해 지체되기는 했지만 결국 애초 계획한 대로 이루어졌습니다. 1960년 기준으로 한국은 전 세계에서 가장 토지가 골고루 나누어진 나라가 되었고 일본과 대만이 2, 3위를 기록해요. 농지 개혁은 공산화를 막는 데 기여한 혁명적 사건이었고, 이후 경제 성장과 교육열의 중요한 밑거름이 됩니다.

우리나라는 해방과 정부 수립 직후에 엄청난 전쟁을 겪기는 했지만 그 와중에 농지 개혁을 통해 매우 평등한 상태에서 출발했어요. 1960년대 이후 고도 경제 성장기에도, 비슷한 정도로 성장한 다른 나라들과 비교해 보면 불평등 또는 빈부 격차가 비교적 덜한 편이었습니다. 이는 우리나라 경제 성장의 독특한 측면이기도 해요. 그런데 최근 20여 년 사이에 급속히 불평등한 나라가 되어 버렸어요. 고용도, 임금도, 소득 분배도, 자산도 상당히 불평등해졌습니다. 이런 과정 속에서 '헬 조선'이라는 아우성이 터져 나온 거예요. '헬 조선'이라는 말을 만들어 낸 사람은 아마도 본인이 보고 겪은 경험을 주관적으로 투영해서 만들어 냈겠지만, 객관적 통계들을 봐도 '헬 조선'은 현재 우리나라 상황을 정확하게 반영하고 있는 표현입니다.

'탈스펙'과
양극화

앞에서 정기 채용에서 수시 채용으로, 스펙에서 전문성으로 무게 중심이 이동한다는 이야기를 하다가 난데없이 '헬 조선'이 튀어나왔습니다. 좀 생뚱맞죠? 지금까지 한 이야기들을 종합하기 위해 간단한 도표를 만들어 보았어요.

대기업	⇔	중소기업
정규직	⇔	비정규직
원청 업체	⇔	하청 업체

자, 대기업 대 중소기업, 정규직 대 비정규직, 원청 업체 대 하청 업체가 있습니다. 여러분은 왼편으로 가고 싶나요, 오른편으로 가고 싶나요? 설마 오른편으로 가고 싶은 사람은 없겠지요? 다들 왼편으로 가고 싶어 합니다. 인지상정이지요.

아까 제가 이야기한 '탈스펙'은 주로 왼편에서 나타나는 현상입니다. 왼편 노동 시장은 분명히 변화하고 있어요. 이건 좋은 현상입니다. 채용할 때 출신 대학 간판을 내려놓고 개인의 내재적 가치 위주로 뽑자는 것은 좋은 일이잖아요. 예전보다 공정해지는 거고요.

그런데 제가 그 뒤에 지적한 '양극화'는 이와는 전혀 다른 차원의 문제, 즉 왼편과 오른편의 격차가 점점 커진다는 것을 가리킵니다. 전문가들은 이를 '이중적 노동 시장의 형성' 또는 '노동 시장의 이중화'라고 불러요. 대개 왼편과 오른편의 비율이 20% 대 80%라고 하는데 최근의 실증 연구를 보면 25% 대 75% 정도로 보입니다. 이 양극화가 바로 취업 경쟁을 엄청난 수준으로 끌어올리고 미래의 불안감을 극대화하는 주범이죠.

정리해 보면 지금 노동 시장에는 전혀 다른 시그널이 나타나고 있습니다. 하나는 '탈스펙'이라는 시그널이고, 또 하나는 양극화라는 시그널이에요. 두 가지 시그널이 '동시에' 나타나다 보니 헷갈리기 쉽습니다. 하지만 이 둘은 서로 다른 차원의 문제예요. 따라서 뒤섞어서 이해하면 안 돼요. 그런데 많은 사람이 '탈스펙'과 '양극화'를 동일한 차원으로 뒤섞어서 이런 결론을 내립니다. '양극화 무서워. 어떻게 대응할까? 아하, 최고로 좋은 '스펙'을 가지면 윗편으로 갈 수 있을 거야!'

그런데 정작 윗편 노동 시장에서는 '스펙'의 가치가 점차 떨어지는 현상이 나타나고 있거든요. 물론 '고스펙'을 추구하는 전략이 아주 소용없어진 건 아니지요. 아직은 과도기이기 때문에 '스펙' 중심의 대응도 가능합니다. 노동 시장의 변화가 하루아침에 완료되지는 않으니까요. 하지만 앞으로 '고스펙' 추구 전략의 성공 확률은 조금씩 낮아질 겁니다.

'탈스펙'에 대한 우리의 대응 방식은 뭘까요? 전문성

쪽으로 무게 중심이 이동하는 현상을 잘 들여다보면서 좀 더 능동적인 대응 전략을 모색해 볼 수 있을 거예요. 앞에서 제가 몇 가지 팁을 드리기도 했는데 '탈스펙'은 개인적인 대응이 가능해요. 반면 '양극화'는 근본적으로 개인적 대응이 불가능한 현상입니다. 애초에 '금수저'이거나 로또에라도 당첨되기 전에는 말이죠. 양극화는 정치적, 집단적으로 대응해야 합니다. 우리가 정치에 관심을 가져야 하는 가장 긴급한 이유가 바로 심각한 양극화로 인해 사회가 피폐해지고 여러분 개개인의 미래도 위협받고 있기 때문이에요.

장기 파국과
단기 파국

　　　　　　　　　　　양극화 이야기에 뒤이
어서 무시무시한 이야기를 하나 더 드려야겠습니다. 한
마디로 '파국'이 임박했다는 건데요, 임박한 파국에는
두 가지, 장기 파국과 단기 파국이 있습니다. 우선 장기
파국은 저출산에서 옵니다. 다음의 그래프를 보세요. 저
는 1969년생이에요. 최초로 유인 우주선이 달에 착륙한
그해에 태어났어요. 그 무렵에는 한 해에 거의 100만 명
씩 태어났거든요. 최근엔 40만 명 언저리밖에 안 됩니다.
2017년에 사상 최초로 40만 명 밑으로 떨어졌지요. 현재

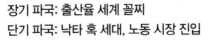

장기 파국: 출산율 세계 꼴찌
단기 파국: 낙타 혹 세대, 노동 시장 진입

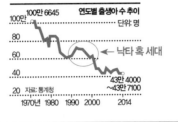

우리나라 출산율은 1.1명으로 사실상 세계 꼴찌예요. 우리나라보다 출산율이 낮은 곳이 있긴 한데 홍콩, 마카오 등 대체로 매우 작은 데다가 어차피 인구가 중국에서 밀려들기 때문에 저출산을 걱정할 필요가 없는 곳들입니다.

일본도 출산율이 낮아서 큰일이라고 하면서 정부가 우리나라보다 훨씬 강한 정책을 펴고 있습니다. 심지어 일본 정부는 출산율을 높이기 위해 기업의 이윤을 줄이고 임금을 높이라고 요구할 정도예요. 그런데 출산율을 보면 그래도 우리보다는 상당히 나아요. 1.4명 정도 되거든요. 선진국 중에서 출산율이 높은 나라들은 미국, 프랑스, 스웨덴 등인데 2.0명 정도입니다. 미국의 출산율이 높은 것은 히스패닉의 문화적 특성에 힘입은 바 크고, 프랑스나 스웨덴은 사회 구조와 여러 정책이 출산율을 높이는 데 기여한 경우라고 보입니다.

저출산 때문에 '장기 파국'이 나타날 거라는 건 경제학자들이 하나같이 지적하는 문제입니다. 오이시디 보고서, 한국은행 보고서, 심지어 재벌 연구소인 삼성경제연구소에서도 비슷한 보고서가 나온 바 있어요. 이 보고서들에 의하면 2030~40년대가 되면 우리나라 경제 성장률이 0~1%, 심지어 마이너스가 될 거라고 합니다. 사실 뻔한 예측이지요. 생산성과 고용률이 높은 세대는 청·장년 세대인데, 이들의 비율이 작아지면 경제 성장률이 낮아지거든요.

그렇다면 앞으로 국민연금 제도를 유지할 수 있을까요? 2040~50년대가 되면 국민연금이 고갈된다고들 합니다. 그렇다고 해서 국민연금 지급이 갑자기 중단되는 건 아니에요. 서구 선진국들은 옛날에 다 고갈됐어요. 고갈됐는데 어떻게 주고 있을까요? 젊은 사람들이 세금을 내서 노인들을 부양하는 셈입니다. 국민연금은 기금이 고 갈된다고 해서 폐지되는 게 아니라 세대 간에 암묵적인 계약에 의해 부양-피부양 관계를 유지합니다. 그런데 지금처럼 청·장년 세대의 비율이 낮아지면 국민연금을 도저히 유지할 수가 없어요.

심지어 많은 전문가가 건강 보험조차 유지되지 않을 거라고 이야기합니다. 노년층일수록 의료비가 많이 들기 때문에 건강 보험도 일종의 세대 간 부양-피부양 구조를 가지게 되는데, 노인 인구 비율이 크게 높아지면 건강 보험도 유지하기 어렵다는 거죠. 결국 지금과 같은 극단적인 저출산이 유지된다면 우리가 생각하는 정상적인, 어느 정도 괜찮은 근대 국가로서의 대한민국을 지탱하기 어렵습니다. 이것이 장기 파국이에요.

여기에 '단기 파국'이 겹칩니다. 연도별 출생아 수 그래프를 다시 보세요. 우리나라 출산율 추이를 보면 지속적으로 떨어지기만 한 게 아니라 중간에 불쑥 튀어 오르는 구간들이 있어요. 특히 저는 1990~2000년 사이를 '낙타 혹 세대'라고 부르는데요, 출생자 수가 늘어난 것이 그래프에서 마치 낙타 혹 같은 모양으로 보이거든요. 이들이 차례차례 노동 시장으로 진입하고 있는데, 우리나라 노동 시장에서 이들을 제대로 수용하지 못하고 있지요. 이런 상황이 앞으로 5년에서 10년 동안 계속 누적되면 지금까지 본 '헬 조선'은 예고편에 불과했고 진정한 '헬 조선'의 문이 열리는 것을 보게 될 겁니다. 우리나라는 저출산으로 노동력이 부족하니 노동력을 수입해야 한다는 사람들 있지요? 이 사람들은 인구 통계를 한 번도 자세히 들여다보지 않았을 거예요. 낙타 혹 세대의 존재에 대해 까맣게 모르니 그런 말을 할 수 있지요.

　여러분의 눈앞에는 극단적인 저출산으로 인한 '장기 파국'과, 노동 시장 진입 인구의 증가로 인한 '단기 파국'이 겹쳐서 펼쳐져 있습니다. 일단 단기 파국을 막아 내지 못한다면 출산율은 더 떨어질 것이고, 그렇게 되면 장기 파국을 막을 가능성은 더더욱 멀어집니다. 그럼 여러분의 나이가 50대쯤 되었을 때 우리나라가 망하는 꼴을 보게 될 가능성이 높아요. 빠른 시일 안에 일자리를 늘리고 출산율을 높이는 혁신적인 변화를 일으키지 못한다면,

현재의 경제학적 상식으로는 망할 수밖에 없다니까요.
그야말로 파국이 임박한 겁니다.

청년,

5

진보의
통념에
도전하라

애국심이 가진
설득력

결론으로써 여러분에게 세 가지 개념을 제안하려 합니다.

첫째는 '애국 진보'입니다. 여러분 앞에 예고된 파국이 얼마나 어마어마한 규모인지를 고려하면 이를 막기 위해 매우 강력한 설득력이 필요하다는 걸 깨닫게 될 겁니다. 그런데 그 정도 설득력을 발휘할 만한 것으로 '애국심' 이외에 별다른 대안이 없어요. 나라 걱정하는 마음으로 파국을 막아 보자, 이런 이야기를 해야 한다는 거죠. 이제 애국을 보수의 전유물인양 치부해서는 안 됩니다.

진보가 애국심에 호소해야 할 때입니다.

둘째는 '청년 계급'입니다. 출산율이 1.2명대 이하로 내려온 게 2001년이니까 20년이 되어 가거든요. 세계 꼴찌 수준의 출산율이 이렇게 오랫동안 지속된 결과, 여러분은 전 세계적으로 유례가 없는 아주 특별한 운명 공동체에 속하게 되었어요. 그래서 저는 여러분을 단순한 청년 '세대'가 아니라 청년 '계급'이라고 부르려 합니다. 청년들이 같은 클래스(계급)로서 한 배에 타고 있다는 관점으로 서로 이해의 수준을 높이고 강력하게 연대하지 않는다면 여러분은 장년~노년기에 파국을 두 눈으로 목격하게 될 겁니다.

셋째는 '양보 혁명'입니다. 파국을 막아 내기 위해 우리가 일으켜야 하는 사회 변화는 혁명의 수준입니다. 그렇다고 진짜 혁명을 시도할 수는 없어요. 혁명이라는 게 워낙 성공하기 힘들 뿐 아니라, 역사를 살펴보면 혁명은 종종 의도와 동떨어진 방향으로 어긋나거든요. 그래서 그 방법은 혁명이 아니라 '양보'가 되어야 합니다. 법률을 통한 강제력으로 실행해야 하는 부분도 있지만, 상당

부분은 사회적 타협을 통해 양보를 이뤄 내야 해요. 특히 고용과 교육에서 대담한 사회적 대타협이 필요합니다.

왜 하필
애국일까?

제가 '진보'를 전제하는 것은 파국을 막기 위해서는 큰 변화가 필요하기 때문입니다. 변화를 일으키자는 건 전형적인 진보의 태도지요. '보수'의 핵심은 기존의 가치와 규범을 지키자는 건데, 그런 태도로는 도저히 난관을 극복할 수가 없어요. 그런데 진보 중에서도 왜 하필이면 '애국' 진보일까? 이는 그저 이른바 '애국' 보수에 대칭되는 개념일까? 여기에는 좀 더 복잡한 내막이 있습니다. 저는 우리나라의 진보 전통이 가진 국가관을 극복하지 않으면 임박한 파국에 효과적으로 대응할 수 없다고 봐요. 즉 '애국' 진보라는 개념은 여러분이 문제를 해결하는 데 필연적으로 거쳐야 하는 경로입니다.

우리나라 진보 국가관의 첫 번째 비극은 과거 한때 정

통성을 북한에 두었다는 데에 있어요. 해방 이후 김일성이 이끈 북한 정부가 일제의 유산을 청산하는 데 적극적이었던 반면, 이승만이 대통령이 된 남한에서는 친일파가 득세했거든요. 해방 이후 많은 지식인이 남한보다 북한 정부에 정통성이 있다고 생각했습니다. 당시 박정희가 국군 장교로 일하면서 남로당 비밀 조직의 책임자를 하기도 했을 정도니까 말 다했지요.

물론 김일성이 제아무리 정통성을 주장한다 할지라도 같은 민족을 대상으로 전쟁을 감행했다는 것은 정당화될 수 없겠지요. 대표적인 진보적 역사학자들 가운데에는 한국 전쟁이 '어쩌다 일어난' 것처럼 서술하거나 그 원인을 아예 다루지 않는 경우가 적지 않습니다. 한국 전쟁의 원인과 김일성의 적극적 역할에 대해 제대로 서술하지 않는 것, 진보 국가관의 첫 번째 비극이 이 지점에 도사리고 있어요. 친일 잔재와 친미 기득권으로 시작한 남한 정부의 정통성을 인정하고 싶지 않다는 심리가 작용한 것이죠.

우리나라 진보 국가관의 두 번째 비극은, 국가주의가

독재를 정당화하는 이념이었다는 데서 비롯됩니다. 예를 들어 박정희의 저서들을 보면 '국가'와 '민족' 이야기가 넘쳐 나요. 국가의 발전을 위해 개인은 희생당하거나 도구화되어도 된다는 식의 태도지요. 이는 많은 사람에게 상처를 남겼고, 국가주의에 대한 혐오로 발전했습니다. 그래서 1970년대 반독재 운동 세대와 2010년대 젊은 세대 사이에 무려 40여 년을 잇는 연결 고리가 생겨요. 국가의 구속에 반대하고 개인의 자유를 옹호하는 것, 관치와 규제를 배격하고 자율과 시장을 옹호하는 것이지요. 애국심이 조금 과하다 싶으면 '국뽕'이라는 경멸적 딱지를 붙이고 말이죠.

국가가
할 수 있는 것들

진보 국가관의 비극이 온전히 진보 세력의 책임은 아닐 겁니다. 한국 현대사의 참담한 장면과 아이러니가 국가관에 그대로 투영되어 있는 셈이니까요. 하지만 이에

정면으로 대응해 '국가'에 대한 태도를 바로잡는 것은 매우 시급한 과제입니다. 그 이유는 크게 세 가지예요.

첫째, 국가는 굵직한 사회 정책을 통해 개개인의 구체적인 삶의 질을 높여 줄 수 있습니다. 예를 들어 국민 의료 보험, 고교 평준화, 그린벨트 등은 모두 박정희가 도입했어요. 지금 이것들은 우리나라의 보수가 아니라 진보 세력이 옹호하는 정책들이 되었지요. 박정희는 심지어 싱가포르 모델의 토지 국유화까지 검토했는데, 이런 진보적 사회 정책들은 당시의 많은 제3 세계 독재자들과 상당히 다른 면모였습니다. 그런데 이는 따지고 보면 놀라운 일이 아니에요. 세계 최초로 건강 보험, 산재 보험, 연금 제도 등을 도입한 사람은 독일의 보수적 국가주의자인 비스마르크였습니다. 즉 보수든 진보든 간에 국가 수준의 제도를 통해 구체적 개인들의 삶을 개선하자는 데 동의할 수 있다는 거죠.

둘째, 국가는 대기업·재벌에 맞설 수 있는 효과적인 권력 기구일 수 있어요. 최근 현대·기아자동차의 엔진, 조향 장치, 에어백 등의 문제에 대한 논란이 끊이질 않고 있습니다. 이들 중 상당수는 안전과 직결된 문제여서 더더욱 시끄럽지요. 그런데 이런 문제에 가장 유효적절하게 대처할 수 있는 조직이 바로 국가 기구예요. 특히 한국처럼 시민 사회와 언론의 힘이 상대적으로 약하고 대기업·재벌의 힘이 강한 나라에서는 국민의 복지와 안전을 위해 대기업·재벌과 맞설 만한 단위가 국가 기구 이외에 별달리 없어요. 그러니 사람들은 자연히 국가가 직접 나서서 공공적 가치를 실현해 주기를 바라게 됩니다. 이는 다르게 표현하자면 공무원들이 '잃어버린 영혼'을 되찾는 일이기도 해요. 공무원들이 '자율'이라는 미명 아래 기업의 횡포를 방관하거나 이른바 '관피아'가 되어 이들과 유착하는 걸 방치해서는 안 됩니다.

셋째, 한국은 국가 이외에 연대의 단위가 그리 발달하지 못한 나라입니다. 게다가 오랫동안 비교적 일정한 지리적 범위와 혈통으로 이어져 온 나라이기 때문에 결속력과 애국심이 높아요. 이런 상황에서 국가와 애국심을 적극적으로 활용하지 않는다면 도대체 뭘 활용해서 기성세대를 설득할 수 있을까요? 무엇보다 청년들이 처한 문제를 기성세대에게 이해시키고 설득할 때, '애국'은 다른 규범이나 가치 들에 비해 훨씬 큰 위력을 발휘할 겁니다. 이대로 가면 나라가 망할 텐데 당신들도 변화를 위해 노력하라고, 당당하게 요구할 수 있다는 거죠.

청년들이 어려움에 빠져 있으니 도와 달라고 하면 기성세대가 움직일까요? 그러지 않아요. 왜냐하면 객관적으로 청년들보다 형편이 어려운 집단이 있거든요. 우리나라 노인 빈곤율이 오이시디에서, 2위를 두 배 격차로 따돌리는 1등이에요. 기가 막히게 어려운 어르신들이 많다는 거죠. 그리고 한국은 워낙 짧은 기간 동안 압축 성장을 했고 그 와중에 큰 전쟁도 치렀기 때문에 기성세대 중에 절대 빈곤의 기억을 가진 사람의 비율이 높은 편입니다. '청년들이 불쌍하니 도와 달라'는 식의 접근은 실패할 수밖에 없어요. 그보다는 저출산 등으로 인해 나라가 장기적으로 망할 위기에 처했는데 당신의 애국심을 발휘해서 도와 달라고 요구하는 게 훨씬 나은 방법입니다.

계보에 집착할
필요 없어

그렇다면 앞에서 언급한 진보 국가관의 비극, 즉 친일과 독재에 오염된 한국 현대사는 어떻게 봐야 할까요? 간단한 해법을 제시해 볼게요. 그냥 현재 대한민국이 이룩한 높은 수준의 시민적 자유와 민주주의에 자부심을 가지고, 현재를 기준으로 역사를 판단하면 어떨까요? 사실 이것만으로 충분해요. 이 기준으로 보면 박정희도 부정하고 김일성도 부정하고…… 굉장히 많은 인물과 세력을 부정하게 될 겁니다. 한국 현대사에 이른바 '흑역사'가 없는 개인이나 세력이 별로 없거든요. 누군가는 '우리의 정통성이나 뿌리는 어디서 찾아야 하느냐'고 물을 겁니다. 어떤 분들은 김구, 여운형, 조봉암 등을 통해 가느다란 적통을 찾아내려 하던데요, 저는 이런 노력에 굳이 반대하지는 않지만 내심 그런 노력이 불필요하다고 보는 편이에요. 계보에 집착할 필요 없다는 거죠.

왜냐하면 우리가 높은 수준의 시민적 자유와 민주주

의를 누리게 된 가장 결정적인 요인은 특정한 개인이나 세력이 아니라 '대중의 직접 행동'이라는 전통이거든요. 즉 '시위하는 ☐☐'입니다. 네모 안에 '민중'을 넣든 '국민'을 넣든 '시민'을 넣든 알아서 하세요. 1919년 3·1 운동이라는 대규모 직접 행동을 통해 독립 의지가 세계에 널리 알려지고 그 에너지로 상해 임시 정부가 수립됩니다. 1960년 4·19를 통해 위협받던 민주주의가 바로 서고, 1980년 5·18과 1987년 6·10 항쟁을 통해 민주주의가 확립됩니다. 2017년 당시 박근혜 대통령에 대한 탄핵을 통해 대중이 누리는 시민적 자유의 수준이 한층 높아지지요. 이런 과정을 거치지 못한 우리 주변의 일본, 중국, 북한, 러시아 등등과 비교해 보세요. 예를 들어 '미투(me too) 운동'만 해도 중국에서는 검열의 대상이고, 일본에서는 고발한 사람이 되레 비웃음거리가 되고 있잖아요?

그러니 역사에서 정확한 사실 관계를 알아보려는 노력은 중요하지만, 대략 여러분이 태어나기 전의 역사에 대해서 일일이 따져 가며 우리 편, 저쪽 편을 엄밀하게 가르려고 노력할 필요는 없어요. 한국은 1987년 민주화 이후만 따져도 30년이라는 긴 세월을 거쳤습니다. 우리의 시민적 자유는 최근 30년간 계속 발전해 왔고 이웃 국가들은 꿈꾸지 못하는 수준에 도달했어요. 이를 기준으로 역사를 재단하면 됩니다. 그리고 이것이야말로 우리가 애국심을 가질 만한 근거이겠지요.

청년들은 모두
한 배에 타고 있다

앞서도 말했듯 계급의 말뜻을 '세습되는 신분'이라고 하면 우리나라에 계급은 없지요. 하지만 서구에서 계급(class)은 이보다 느슨한 의미인 '경제적인 동질 집단'이라는 뜻으로 흔히 쓰여 왔습니다. 저는 우리나라 청년들이 역사상 유례없는 '세대 계급'을 이루게 되었다고 봐요. 전 세계 꼴찌 수준의 출산율이 오랫동안 지속되는 바람에 여러분은 서서히 침몰할 운명을 가진 배에 타고 있는 셈이거든요. 그런 의미에서 공동 운명체라는 거죠. 배가 침몰하는 데 35년쯤 걸린다고 가정하면 저는 그즈음 이 세상에 없을 확률도 꽤 높지만, 여러분은 살아갈 날이 많이 남아 있는 나이예요. 그러니 여러분은 이 문제를 해결하는 데 있어 공동의 이해관계를 갖고 있어요. 그런 의미에서 같은 클래스, 즉 '계급'이라는 겁니다.

'금수저'면 다르지 않느냐고요? 물론 '흙수저'보다 상대적으로 낫겠지요. 배에서 가장 꼭대기 층에 있으니까요. 하지만 이들도 가라앉는 배에 있다는 점은 마찬가지 아닐까요? 예컨대 제아무리 '조물주 위의 건물주'라 할지라도, 경기가 침체되고 건물에 공실이 늘고 임대료를 낮춰야 하는 상황을 결코 반길 리가 없겠지요.

여러분이 스스로를 공동 운명체라고 인식하고 공동의 과제를 해결하고자 한다면 반드시 두 가지 태도가 필요합니다. 하나는 실용주의이고 또 하나는 연대 정신이에요.

여러분께 하고 싶은 첫 번째 부탁은, 실용적인 태도를 가지라는 겁니다. 즉 이론적인 옳고 그름이나 정치적 일관성보다 '문제를 해결하는 데 도움이 되느냐'를 우선

시하라는 거죠. 이런 태도를 철학적으로 프래그머티즘 (pragmatism)이라고 불러요. 프래그머티즘은 종종 '실용주의'라고 번역되다 보니 마치 금전적 가치를 중시하는 태도처럼 오해를 받곤 하는데, 그게 아니라 이론이나 정책을 선택할 때 '문제 해결 능력'을 우선으로 놓고 보자는 주의입니다.

예를 들어 지난 10년 남짓한 기간 동안 대학 등록금 문제를 놓고 벌어진 논란을 봅시다. 한국의 1인당 국민 소득은 세계 30위 안팎입니다. 그런데 대학 등록금은 3~4위 수준이지요. 즉 소득에 비해 등록금이 매우 높은 나라예요. 이 문제를 해결하기 위해 2000년대 후반부터 '반값 등록금'을 주장하는 운동이 일었어요. 그런데 전체 등록금 총액의 절반을 정부 재정으로 지원한다면 그걸 골고루 나눠 줘서 등록금을 '반값'으로 만드는 게 좋을까요, 아니면 고소득층은 많이 내고 저소득층은 적게 내는 '소득 비례'로 만드는 게 좋을까요? 여론 조사를 해 보면 일률적인 반값 등록금제보다는 소득 비례 등록금제가 훨씬 지지도가 높았어요. 하지만 반값 등록금을 주장한 시민 단체와 이를 받아들인 정치 세력은 반값이어야만 '보편 복지' 원칙에 맞는다고 주장했습니다.

그런데 이건 보편 복지라는 말뜻도 제대로 이해하지 못한 주장입니다. 보편 복지란 특정 계층이나 집단을 '배제하지 않고' 혜택을 준다는 뜻입니다. 꼭 일률적이어야만 보편 복지에 속하는 건 아니에요. 고소득층은 상대적으로 조금 깎아 주고 저소득층은 많이 깎아 주는 식으로 차등적으로 지원해도 보편 복지예요. 국민건강보험을 생각해 보세요. 많이 아픈 환자는 많이 지원해 주고, 조금 아픈 사람은 조금 지원해 주잖아요. 아픈 정도에 따라 차등적으로 지원하는데도 '보편 복지'라고 부르거든요. 그런데 결국 오인된 보편 복지론이 널리 퍼지고, 2012년 대선에서 문재인과 안철수 두 후보는 '반값 등록금'을 공약으로 채택합니다. 그리고 놀랍게도 불과 5년 뒤인 2017년 대선에서는 이 공약이 흔적도 없이 사라져 버려요. 물론 반값 등록금 공약이 사라진 것은 그 사이에 국가 장학금이 확충되면서 등록금 부담이 전반적으로 줄었기 때문일 수도 있습니다. 하지만 처음부터 실용적인 태도로 이 문제에 접근해서, 보편 복지에 찬성하는 사람이든 반대하는 사람이든 모두 동의할 수 있는 소득 비례 등록금 모델을 설계할 수도 있었어요. 불필요한 에너지를 낭비한 셈이죠.

또 다른 예로 최저 임금 문제를 들여다볼까요? 2017년 대선에서 주요 후보들은 모두 최저 임금을 시간당 1만 원으로 높이겠다는 공약을 내놓았습니다. 문재인·유승민·심상정 후보는 연평균 16%씩 올려 2020년에 1만 원을 달성하겠다고 했고, 안철수·홍준표 후보는 연평균 10%씩 올려 2022년에 1만 원을 실현하겠다고 했습니다. 그런데 최저 임금을 이렇게 급속히 올리게 되면 하층 노동 시장의 고용 여건이 상당히 악화될 우려가 있어요. 최저 임금 인상을 통해 가계 소득을 늘려 경제 전체의 활력을 높이겠다는 정책은 자영업자 비율이 낮은 미국(6.5%)이나 독일(11.0%)에서는 통하는 정책일 수 있고 실제로 미국 등에서는 '임금 주도 성장'이라는 개념으로 널리 알려졌습니다. 이 말이 한국으로 건너와 '소득 주도 성장'이라는 말로 통용된 거지요. 하지만 자영업자 비율이 26.8%나 되는 한국의 경우(2014년 기준 오이시디 4위)는 최저 임금 인상이 의도된 효과를 내기 어려워요. 최저 임금이 높아지면 영세 자영업자가 많은 업종(식당, 소매, 숙박 등)에서 고용이 감소하게 되거든요.

따라서 우리나라에서는 최저 임금을 높이더라도 업종·규모·지역에 따라 차등적으로 인상한다든가, 섣불리 올리기보다 최저 임금 이하를 받는 경우(2016년 전체 노동자의 13.7%)를 우선 해결한다든가 하는 조심스러운 접근이 필요해요. 그런데 다들 최저 임금을 높이는 데 골몰해서 이런 문제를 방기합니다. 두고 보면 알겠지만, 최저 임금을 몇 년간 연속으로 10~16%씩 높이는 건 한국 경제가 지탱하기 어려운 정책이에요. 고용률이 상당히 낮아질 거거든요.

**실용적인
태도**

사실 하층 노동 시장의 임금을 높이려면 최저 임금을

높이는 것도 필요하지만 외국인 노동자의 유입을 줄이는 것도 필요합니다. 지금 우리나라에 체류 중인 외국인 노동자가 200만 명에 육박하는데, 최근 15년간 3배, 10년간 2배로 급증한 수치예요. 이런 상황에서 최저 임금 제도만으로 임금 수준을 높이기란 어렵지요. 저임금을 감수하고 일할 의향을 가진 사람들이 외국에서 계속 유입되고 있으니까요. 시장에서는 흔히 외부 규제(최저 임금 등)보다 수요-공급 원리가 더 잘 작동하거든요.

그런데 외국인 노동자를 얼마나 받아들이는 게 합당한지에 대해 우리나라에서는 한 번도 제대로 토론이 이뤄진 적이 없어요. 보수적인 사람들은 이런 토론을 하자는 제안을 받으면 외국인 노동자가 있어야 3D 업종이 유지된다며 손사래를 칩니다. 근본적으로 3D 업종의 근로 조건을 개선하고 오이시디에서 압도적 1위인 산업 재해율을 낮출 생각은 않고 말이지요. 한편 진보적인 사람들은 외국인 노동자의 적정 규모에 대해 토론하자는 제안을 받으면 인종주의적인 차별이라면서 논의 자체를 반대해요. 이주 노동자를 내쫓자는 것도 아니고 '유입'을 줄

이자는 건데도 말이죠.

실용적인 태도는 지금 막 언급한 대학 등록금이나 최저 임금 문제 등뿐만 아니라 좀 더 기초적인 사회 질서를 바라볼 때도 필요합니다. 예를 들어 시장이 반드시 효율을 보장하는 것도 아니고, 국가가 꼭 낭비의 주범인 것도 아니에요. 차세대 운송 수단으로 전기 차(배터리 구동 자동차)와 수소 차(수소 연료 전지 자동차)가 떠오르고 있는데, 시장주의 논리에 따르면 전기 차든 수소 차든 기업이 알아서 자력으로 인프라를 구축해야 하겠지요. 하지만 이렇게 되면 한국의 자동차 산업은 국제 경쟁에서 뒤처질 가능성이 큽니다. 국가가 그 나름의 산업 정책을 수립하고 차세대 자동차 운행 인프라에 투자해야 해요. 기업은 그에 상응하는 사회적 책임을 지고 말이죠. 결국 기업과 국가, 시장과 규제는 상호 영향을 주고받으며 공진화(coevolution)한다고 봐야 하겠지요. 특정한 이념을 가지고 어느 한쪽을 우선시하려는 태도는 위험합니다.

연대의 수준을
높여라

여러분에게 하고 싶은 두 번째 부탁은 연대 정신을 높이기 위해 노력하라는 겁니다. 연대란 프랑스 혁명의 3대 정신인 자유, 평등, 우애 가운데 우애(友愛, fraternity)에서 유래한 거예요. 그런데 서양에서 우애가 종교적·봉건적 배경을 가진 개념이다 보니 그 대신 차츰 연대(連帶, solidarity)라는 용어가 쓰이게 됩니다. 독일 사민당의 경우 아예 3대 정신으로 '자유, 정의, 연대'를 꼽아요.

청년 계급이 서로 결속하고 연대하려면 상호 이해의 수준이 높아져야 합니다. 그런데 여러분은 이미 서로 상당히 다른 경제적·문화적 배경 하에서 자라 왔기 때문에 여러분 사이에는 높은 장벽이 서 있는 셈이에요. 앞에서 언급한 대학 등록금 문제만 해도, 집안 형편이나 자취 여부 등에 따라서 등록금 문제의 심각성을 인식하는 데 상당한 차이가 있겠지요. 청년 세대 내에서 서로 이해의 수준을 높이기 위해서는 직접적인 교류와 체험도 필요하고, 문학·예술 작품이나 기사·논픽션 등을 통한 간접적인 경험도 필요합니다.

최근 페미니즘과 관련된 청년층의 여론 동향을 들여다보면, 확실히 젊은 남성들은 경험의 한계로 인해 여성들의 문제에 공감하기 어려운 부분이 있는 것 같습니다. 제가 보기에 여성에 대한 차별이 가장 노골적으로 드러나는 영역은 노동 시장이거든요. 아직 노동 시장에 진입하지 않았거나 출산·육아 부담으로 인한 경력 단절을 이해하지 못하는 젊은 남성들은 페미니즘에 공감하기 어려울 수 있어요. 이를 청년 계급의 문제로 인식하기 위해서는 각별한 노력이 필요합니다.

성 평등은 '제도'만으로는 해결되기 어려운 '문화'의 문제이기도 합니다. 예를 들어 대기업이나 중견 기업에서 정규직을 채용할 때 비슷한 조건의 여성보다 남성을 선호하는 것은 온갖 제도와 규칙으로 대응한다 해도 해결되기 어려운 문제예요. 제도 개선뿐만 아니라 문화적 변화가 동시에 필요하지요. 이미 이 문제를 해결해 낸 북유럽 국가들의 경우를 보면, 단지 제도만 바꿔서 된 게 아니라 '성별이나 출산 여부와 상관없이 동등한 기회를 가지는 것이 당연하다'는 일종의 문화적 패러다임의 전환이 병행되었습니다. 그밖에도 여러분 세대에서 바꿔야 할 문화적 관행이 한둘이 아니에요. 결혼할 때 남녀의 비용 부담 비율이 남자 쪽으로 심하게 기울어져 있는 것, 명절에 부부의 동선·역할 부담이 여자 쪽으로 심하게 기울어져 있는 것 등에 대하여 깊이 생각해 보길 바랍니다. 이런 문화를 변화시키는 것이 궁극적으로 청년 계급의 연대 의식을 높여 줄 거예요.

연대의 수준을 높이기 위한 노력도 필요하지만, 다른 한편으로 연대를 저해하는 행위에 대한 자정 작용도 필요합니다. 예를 들어 '일베' 등의 혐오 표현에 대해서는 비판하면서도 '저항을 위한 혐오'는 용인될 수 있다는 분들이 있는데요, 이건 하나만 알고 둘은 모르는 이야기지요. 예를 들어 남성에 대한 혐오 표현은 많은 사람을 연대의 대상에서 배제하는 효과를 낼 수 있어요. 아들을 둔 여성들은 종종 남편은 미워할지언정 자식은 사랑하거든요. 그런데 자신이 사랑하는 대상을 '한남'이라고 지칭하는 사람들에게 연대 의식을 느끼긴 어렵지 않겠어요? 그뿐만 아니라 마초와 '초식남' 사이에 교묘한 유대감을 형성하게 해서 성 평등 의식의 확산을 가로막기도 해요. 혐오 표현은 도덕적인 옳고 그름을 따지기 이전에, 연대 의식을 약화시키기 때문에 주의해야 하는 겁니다.

양보를 통해
만드는 혁명

우리나라는 1960년 기준으로 전 세계에서 토지가 가장 균등하게 배분되어 있던 나라입니다. 그리고 1980년대까지는 격차·불평등이 낮은 수준으로 억제되었습니다. 지니 계수, 상위 계층 소득 집중도, 자산 집중도 등등 모든 지표가 그랬어요. 그러다가 대략 1990년대 이후 20년 정도 사이에 격차·불평등이 눈에 띄게 높아졌습니다. 흔히 '양극화'라고 부르는 현상이지요. 이를 근본적으로 역전시키지 않으면 임박한 파국을 막을 수 없습니다. 특히 '결혼 안 하는 이유'로 고

용과 주거 문제가 손꼽히고 '아이 안 낳는 이유'로 교육
과 보육 문제가 손꼽히는 상황이기 때문에 부동산, 고용,
교육에서 양극화 경향을 역전시키는 것이 시급합니다.

우리나라의 국내 총생산(GDP)은 1,300조 원 정도입
니다. 그중 근로 소득이 45% 정도 되는데, 불로 소득이라
할 수 있는 부동산 소득(매입 차액·임대 소득)이 근로 소득
의 3분의 2에 육박하는 28%나 됩니다.(2013년 기준) 이 비
중을 낮추기 위한 노력이 필요하지요.

부동산 가운데 상업용 부동산의 핵심은 강력한 임차
인 보호입니다. 상가 임차인의 권리를 보호하는 것의 효
과는 내수 경기 진작, 소득 주도 성장, 자영업자 보호 등
여러 가지가 있는데 그밖에도 최근 여러 곳에서 대두되
고 있는 젠트리피케이션 문제를 예방하고 상권을 안정적
으로 성장시키는 데에도 효과적이에요. 그러기 위해서는
임대료 상승 폭을 제한하고 임대차 기간을 장기 보장해
야 합니다. 선진국에서는 꽤 보편화된 것인데 우리나라
에서는 임대차 보장 기간이 기껏해야 5년이다가 이제 겨
우 10년으로 변경되려는 참이에요. 임대료 상승 한도도

연간 9%나 됩니다. 그것도 보증금·월세가 일정 규모 이하인 경우에만 보장되죠.

사실 우리도 강력하고 선진적인 임대차 보호법을 가질 기회(?)가 있었어요. 일본의 '차지차가법'은 임대차 기간을 무려 30년간 보장하고 임대료 인상도 매우 강하게 억제하는데, '애석하게도' 일제 강점기에 일본 본토에서만 시행하기 시작했고 식민지인 조선에는 도입하지 않았습니다. 그 결과 일본은 한 가게가 수십 년씩 한자리에 자리 잡고 장사하는 게 가능한 나라가 된 반면 우리는 장사 잘해서 건물주만 배불려 주는 게 당연한 나라가 되어 버렸죠. 이제 시급히 '조물주 위에 건물주'인 상황을 타개해야 합니다.

부동산 가운데 주거용 부동산의 핵심은 주택 가격 인상을 억제하면서 임대 주택을 꾸준히 공급하는 것이에요. 가격 인상을 억제하기 위해 다주택 보유 억제, 보유세·양도세 인상, 적절한 주택 공급 등이 병행되어야 합니다. 아울러 주변 임대료 대비 저렴한 공공 임대 주택을 꾸준히 공급하는 게 필요합니다. 특히 저출산이 우리나라에서 가장 심각한 위기 요인임을 고려할 때, 청년층과 신혼부부의 주거 안정이 매우 중요하지요.

부동산 문제를 잘 들여다보면, 정부의 행정력과 의회의 입법 활동을 통해 문제를 해결할 수 있다는 걸 알게 됩니다. 물론 법을 고치는 과정에서 설득과 동의가 필요하지만 기본적으로는 법률과 행정력을 통해 강제할 수 있는 개혁이에요. 다만 일관되고 꾸준하게 정책을 밀고 나가는 게 중요하기 때문에, 부동산 문제를 해결하려는 의지를 가진 정치 세력이 장기간 집권하거나 의회에서 다수당을 차지하는 게 중요합니다. 건물주, 다주택자, 임대업자의 이익을 대변하는 정치 세력이 집권해서는 곤란하겠지요.

법만으로는
부족할 때

부동산 문제가 법률과 행정력을 통해 해결 가능한 것인 반면, 고용과 교육 문제의 해결은 그것만으로는 부족하고 사회적 타협이 필수적입니다. 왜냐하면 고용은 주로 민간 기업에서 이뤄지고 대학의 다수는 사립 대학이거든요. 그런데 민간 기업과 사립 대학을 지나치게 일방적으로 법률로 구속하면 자칫 위헌이 되어 버려요.

부동산의 경우는 위헌 걱정이 비교적 적습니다. 우리 헌법(제122조)에 '토지 공개념'이라는 문구는 없지만 그 내용이 사실상 반영되어 있고 농지 개혁, 그린벨트, 공공 택지 개발 등이 이어져 온 전통이 있기 때문에 부동산 개혁은 위헌 시비로 발전될 가능성이 적어요. 앞으로 헌법을 개정하여 토지 공개념을 헌법에 명기한다면 더욱 안심이고 말이죠.

하지만 고용과 교육은 안 그래요. 예를 들어 별것 아닌 것 같지만 민간 기업에 '블라인드 면접'을 의무화하려 한다면 위헌 결정이 내려질 수 있어요. 정부가 임금 수준을 결정하는 데 직접 개입하면 위헌 시비가 일어날 겁니다. 또 국립대의 학생 선발 제도는 정부가 좌우할 수 있지만 사립대의 학생 선발 제도를 지나치게 일방적으로 정해 버리면 위헌 결정이 될 확률이 높아요. 결국 고용과 교육에 있어서는 사회적 대타협이 필수적입니다.

일자리를 늘리는 방법에는 크게 세 가지가 있어요. 첫째로 새로운 산업 분야(이른바 '신성장 산업')에서 일자리를 늘리는 방법이 있는데 이건 원활한 성장을 전제해도 얼마나 늘어날지 예측할 수 없습니다. 심지어 어떤 분야에서는 성장이 이루어져도 일자리가 감소할 수도 있어요. 둘째로 공공 부문 일자리를 늘리는 방법이 있는데 이건 '낙타 혹 세대'의 단기 파국을 막기 위해서는 꼭 필요하긴 하지만 그만큼 세금을 늘려야 한다는 한계가 있습니다. 셋째는 노동 시간을 줄이는 겁니다. 한국의 노동 시간은 오이시디에서 1, 2위를 다투는 수준인데 이를 단축하면 그만큼 일자리를 나누는 효과가 발생해서 고용이 늘어요. 정부 연구 기관인 한국노동연구원이 2011년 내놓은 「장시간 노동과 노동 시간 단축」에 의하면 현재 오이시디 2위인 한국의 노동 시간을 오이시디 평균치로 낮추면 신규 일자리가 170만 개 창출됩니다. 민간 연구 기관인 한국노동사회연구소가 2012년 내놓은 「실노동 시간 단축 방안」에 의하면 주당 12시간 이상의 초과 노동만 막아도 신규 일자리가 69만 개 창출됩니다.

결국 '고용'에 있어 사회적 대타협의 핵심은 노동 시간 단축을 통해 일자리를 나누는 것입니다. 문제는 그 과정에서 기존 노동자가 받는 임금이 줄어들 수 있다는 것이지요. 2014년 한 연구에 따르면 근로 시간을 주 52시간으로만 제한해도 대기업 노동자의 임금은 평균 3.6% 감소하고 중소기업 노동자의 임금은 평균 4.4% 감소합니다.(변양규·우광호 「근로 시간 단축과 영세 사업장 인력 부족 심화」, 한국경제연구원) 노동 시간을 더 줄이면 임금이 더 감소하겠지요. 그런데 저임금 노동자는 노동 시간을 섣불리 줄이면 안 됩니다. 가뜩이나 적은 임금이 더 줄어들면 곤란하니까요. 노동 시간 감소에 따른 임금 감소를 감수할 여력이 있는 집단은 노동자 중 소득 상위층이지요. 결국 소득 비례 노동 시간 감축, 즉 소득이 높을수록 노동 시간을 많이 감축하여 고용을 늘리는 방법이 합리적입니다.

그런데 노동자 중 소득 상위층은 노조 가입률이 높고 협상력이 강한 집단입니다. 이들이 양보하도록 어떻게 설득하느냐고요? 물론 애국심에 호소해야 하겠지만, 설마 애국심만으로 타협이 되진 않을 것 아니에요? 양보를 이끌어 낼 수단은 이들 자신 및 이들의 자녀들에게 들어가는 주거비와 교육비를 줄여 주는 것입니다. 밑 빠진 독처럼 들어가는 주거비와 교육비를 줄여서 가처분 소득을 늘려 줄 테니 임금 감소를 감수하라는 거죠. 그 대신 '저녁이 있는 삶'으로 라이프스타일을 변화시키라는 겁니다.

주거비를 줄이는 방안은 앞에서 이야기했습니다. 그렇다면 교육비는 어떻게 줄일 수 있을까요? 바로 '국·공·사립대 공동 입학제'를 통해서입니다. 2012년 문재인 후보의 대선 공약이었던 '국립대 네트워크'와 공동 입학·공동 학위제는 2017년 대선 공약에서는 빠졌어요. 시뮬레이션을 해 보니 불가능하다는 결론이 나왔거든요. 왜냐하면 서울·수도권에 수험생의 절반(30만 명가량) 이상이 몰려 있는데 이 지역 국공립대 정원은 1만 명도 안 돼요. 국립대의 지역별 분포가 워낙 불균등하기 때문에 도저히 전국적인 공동 입학·공동 학위제를 만들 수가 없어요. 따라서 서울·수도권을 중심으로 상당수 사립대들을 이 체계에 끌어들이는 것이 필수적이에요.

대학을 향한
담대한 제안

저는 대학에 대한 대규모 재정 지원과 학생 선발권을 맞바꾸는 대타협을 제안합니다. 예를 들어 공동 입학제에 참여하는 모든 대학에 교수 1인당 1억씩 추가 재정 지원을 한다면(물론 교수 개인이 아니라 대학에 주는 겁니다.) 서울대는 1년에 2,000억 원 이상, 연세대나 고려대는 1,500억 원, 성균관대는 1,000억 원씩 받게 됩니다. 그 대신 학생 선발권을 국가에 맡겨 달라는 거죠. 대학은 받은 돈을 시설비나 인건비에 투여해서 학부 교육을 일정 수준 이상으로 유지할 책임을 지고, 남는 돈은 전액 대학원 연구비에 쓰는 겁니다. 그러면 세계 대학 순위가 높아집니다. 세계의 주요한 대학 평가 순위는 대체로 학부 교육 수준 순위가 아니라 대학원의 연구 성과 순위거든요. 그래서 연구비 투자가 늘면 세계 대학 순위가 높아집니다. 특히 그

중 일정 비율을 '장기 연구'에 사용하도록 의무화하면 20년 뒤에 노벨상이 나올 겁니다.

그러면 학생들은 어떻게 대학에 입학하느냐고요? 여러 가지 방법이 있겠지만, 한 가지 예로 전공을 정한 뒤 1지망 A대학, 2지망 B대학, 3지망 C대학······ 등으로 지원하여 일정 비율씩 추첨 배정하는 방법이 있습니다. 물론 서울로 지나치게 쏠리는 현상을 막기 위해 지방대 지원자에게 인센티브를 줘야겠지요. 이런 식으로 고등학교 졸업자의 3분의 1 정도를 수용하는 전국적인 4년제 대학 공동 입학 시스템을 만드는 데 매년 4~5조 원 정도 들어갑니다. 정부 예산의 1% 수준이니까 해 볼 만하죠. 이러면 사교육비가 정말 절반으로 줄어들 겁니다.

그래도 대입 경쟁이 없어지진 않아요. 인기 '대학'에 입학하기 위한 경쟁은 없어진다 해도 인기 '전공'에 입학하기 위한 경쟁은 꽤 있을 겁니다. 따라서 선발 제도는 여전히 중요한 문제예요. 우리나라는 복합적인 전형 요소를 정성 평가하는 미국의 입학 사정관제(이른바 학생부 종합 전형)를 도입했다가 탈이 났습니다. 그런데 미국을 제외한 대부분의 선진국은 입시 성적과 내신 성적이라는 두 축의 정량 평가를 이용하여 매우 단순한 대입 제도를 운용하고 있어요. 영국·프랑스는 입시 성적만 반영하고, 독일·오스트레일리아는 입시 성적과 내신 성적을 합산 반영하고, 캐나다는 내신 성적만 반영하고, 스웨덴은 내신 성적과 입시 성적 중에 택일하여 반영(학생 개인이 선택)합니다. 교육 선진국으로 유명한 핀란드는 내신 성적과 입시 성적의 반영 비율을 대학 전공별로 결정해요. 왜 다들 입시 성적과 내신 성적만 가지고 선발할까요? 입시와 내신은 기회가 균등하거든요. 교육에 있어 가장 핵심적인 공공성은 '기회 균등'이잖아요.

따라서 섣불리 비교과와 정성 평가 유혹에 빠지지 말고, 입시와 내신으로 돌아가는 게 필요해요. 다만 현재의 입시와 내신은 모두 개혁해야 하는데, 내신 개혁의 핵심은 교사의 수업·평가에 대한 각종 규제를 혁파해서 다양성과 창의성을 불러일으키는 것이고, 입시 개혁의 핵심은 문항을 논술형으로 바꿔서 창의적 교육과 어긋나지 않게 만드는 것입니다. 새 입시를 마련하는 데에는 교육

당국과 교사, 대학 등이 힘을 합쳐야 합니다. 공동 입학·학위제를 통해 경쟁 압력을 낮추면 변별력 압력이나 사교육 우려도 줄어들기 때문에, 입시를 논술형으로 바꾸고 내신에 창의성·다양성을 불어넣는 게 지금보다 훨씬 쉬워질 겁니다.

제가 매우 황당한 제안을 한다고 느껴질 겁니다. 저도 이런 개혁안이 한국 사회에서 낯설게 느껴질 거라는 걸 잘 알아요. 오죽하면 제가 양보 '혁명'이라고 이름 붙였겠어요? 여러분은 이런 사회적 타협이 불가능할 이유를 수백 가지 꼽을 수 있을 겁니다.

하지만 우리나라가 처한 위기(단기 파국과 장기 파국)가 얼마나 심각한 것인지 알게 될수록, 저의 제안을 진지하게 고려하게 될 겁니다. 무엇보다 저는 이 질문에 대답할 것을 요청합니다.

"이 제안에 반대한다면, 문제를 해결할 수 있는 당신의 대안을 내놓으십시오."

나의 대학 사용법

나의 직업 우리의 미래

초판 1쇄 발행 • 2018년 5월 11일
초판 4쇄 발행 • 2020년 1월 6일

지은이 • 이범
펴낸이 • 강일우
책임편집 • 김선아
조판 • 신혜원
펴낸곳 • (주)창비
등록 • 1986년 8월 5일 제85호
주소 • 10881 경기도 파주시 회동길 184
전화 • 031-955-3333
팩시밀리 • 영업 031-955-3399 편집 031-955-3400
홈페이지 • www.changbi.com
전자우편 • ya@changbi.com

ⓒ 이범 2018
ISBN 978-89-364-5874-4 44300